Gerhart Hauptmann

Gabriel Schillings Flucht

Drama in fünf Akten

Gerhart Hauptmann: Gabriel Schillings Flucht. Drama in fünf Akten

Entstanden 1906. Uraufführung am 14. Juni 1912 in Bad Lauchstädt am Goethe-Theater. Erstdruck Berlin, S. Fischer, 1912.

Neuausgabe
Herausgegeben von Karl-Maria Guth
Berlin 2017

Umschlaggestaltung von Thomas Schultz-Overhage unter Verwendung des Bildes: Lovis Corinth, Porträt von Gerhart Hauptmann, 1900

Gesetzt aus der Minion Pro, 11 pt

Verlag: Henricus - Edition Deutsche Klassik GmbH
Mörchinger Str. 33, 14169 Berlin, info@henricus-verlag.de
Druck: Libri Plureos GmbH, Friedensallee 273, 22763 Hamburg

ISBN 978-3-86199-916-4

Bibliografische Information der Deutschen Nationalbibliothek

Die Deutsche Nationalbibliothek verzeichnet diese Publikation in der Deutschen Nationalbibliografie; detaillierte bibliografische Daten sind im Internet über www.dnb.de abrufbar.

»Einige … versichern, Eunostus sei ihnen begegnet, ans Meer eilend, um sich zu baden, weil ein Weib sein Heiligtum betreten habe.«

Plutarch, Moralische Schriften.

Dramatis Personae

Gabriel Schilling, Maler

Eveline, seine Frau

Professor Mäurer, Bildhauer und Radierer

Lucie Heil, Violinistin

Hanna Elias

Fräulein Majakin

Doktor Rasmussen

Klas Olfers, Wirt im Krug auf Fischmeisters Oye

Kühn, Tischlermeister

Der Lehrjunge

Schuckert

Mathias, Fischer

Magd bei Olfers

Fischer, Frauen und Kinder der Fischer

Das Drama spielt auf Fischmeisters Oye, einer Insel der Ostsee.

Zeit: um 1900.

Erster Akt

Strand. Im Hintergrund das Meer im Spätnachmittagslichte eines klaren Tages Ende August. Rechts der Schuppen einer Rettungsstation, an dessen Mauer die Gallionfigur eines gestrandeten Schiffes angebracht ist. Sie ist aus bemaltem Holz und stellt eine Frau mit bauschigen Röcken dar, deren Kopf zurückgeworfen ist, so daß ihr bleiches Gesicht mit nachtwandlerischem Ausdruck dem Himmel sich darzubieten scheint. Ihr langes schwarzes Haar fließt offen über die Schulter. – Am Strande, im Trockenen, steht ein Fischerboot. Links vorn auf der Düne, dem Schuppen gegenüber, ein Signalmast mit Strickleitern usw.

Ein junges Mädchen, weiß und sommerlich gekleidet, liegt mit einem Buch zwischen Schuppen und Signalmast auf der niedrigen Düne: Lucie Heil.

Von rechts vorn kommt der etwa 45jährige Tischlermeister Kühn, gefolgt von einem Lehrling. Sie tragen blaue Schürzen, keiner von beiden eine Mütze. Der Meister grüßt Lucie, der Lehrling grinst sie an. An der Rückwand des Rettungsschuppens liegt ein Stapel fichtener Bretter. Zwei davon lädt Kühn dem Lehrling auf, und dieser trägt sie davon.

KÜHN. Na, sind Sie auch wieder da, Freilein?

LUCIE. Das gehört sich doch, Meister!

KÜHN. Sie kommen immer, wenn die Zugvögel abreisen! Wenn die vielen Zugvögel bei uns Station machen, kommen Sie auch.

LUCIE. Das stimmt.

KÜHN. Wir warten immer drauf, daß der Herr Professor Ottfried Mäurer sich am Ende doch noch anbaut auf der Insel.

LUCIE. Im vorigen Herbst war es nahe daran; aber der Windmüller ging mit seinem Preis plötzlich zu hoch hinauf.

KÜHN. Die Leute sind dumm! Sie wissen nicht, was sie von der Hand weisen. Wenn so'n Mann, wie Professor Mäurer, sich hier auf der Insel ein Tuskulum hinsetzt, das würde doch für jeden hier von größtem Vorteil sein.

LUCIE. Es wäre gar nicht gut, wenn die Insel bekannt würde; denn käme erst mal das ganze Großstadtgewimmel darüber hereingebrochen, dann wär's mit ihrer Schönheit wohl aus.

KÜHN. Ist der Herr Professor Ihr Onkel, Freilein?

LUCIE *lacht:* Nein, ich bin seine Großmutter, Meister Kühn.

Ottfried Mäurer erscheint vom Strande her über die Dünen. Er ist ein mittelgroßer, etwa 36jähriger blonder Mann mit rötlich blondem Spitzbart. Sein Kopfhaar ist kugelrund geschoren; die Stirne breit. Ein Ausdruck schmunzelnder Schalkhaftigkeit belebt zuweilen den scharfblickenden Ernst seines Gesichts hinter der goldnen Brille und dem Kneifer. Er ist unauffällig gekleidet, hat einen Mantel um, einen weichen Filzhut auf dem Kopf, einen gewöhnlichen Stock an den Arm gehakt, und ein Buch, Quart, mit weißem Schweinslederdeckel in der Hand.

MÄURER. Guten Tag, Meister Kühn.

KÜHN. Schön'n Dank, Herr Professor! – Glücklich wieder auf Fischmeisters Oye angelangt?

MÄURER. Gott sei Dank, Meister. – Aber ich hatte es diesmal verdammt nötig.

KÜHN. Na, ja, wir haben's ja in der Zeitung gelesen.

MÄURER *schmunzelnd:* Was haben Sie denn in der Zeitung gelesen?

KÜHN. Von die schöne Bildsäule, die in Bremen errichtet worden ist.

MÄURER. Die hat mir verflucht Arbeit gemacht, können Sie mir glauben, die schöne Bildsäule. Ich bin froh, daß sie mir aus dem Gehege ist.

KÜHN. Nu gehn Sie aber doch gleich schon wieder nach Griechenland?

MÄURER. Hat das etwa auch schon wieder in der Zeitung gestanden?

KÜHN. Jawohl! Es gibt ja wohl Marmorbrüche dort, und da wollen Sie ja wohl Steine für neue Standbilder aussuchen.

MÄURER. Na, Gott sei Dank bin ich mal erst vorläufig hier! – Ich habe schon manchmal ganz gemütlich in Berlin in einer Weinkneipe gesessen und in der Zeitung gelesen, ich befände mich augenblicklich in Konstantinopel und modellierte die Tochter des Sultans. – Übrigens, wem gehört denn die Gallionfigur?

KÜHN. Die hat der große Nordweststurm vor zwei Jahren an Land gebracht.

MÄURER. Sie gefällt mir; ich würde sie gerne kaufen.

KÜHN. »Ilsebilse, niemand will se, kam der Koch und nahm se doch.« – Schuckert, glaub' ich, hat sie gefunden.

MÄURER. Ist das der junge Schuckert?

KÜHN. Jawohl. Bei Schuckerten finden Se immer so was. Der Alte hat mal einen dicken goldnen Armring aus'm Wasser rausgebracht. Soll ich vielleicht mal mit ihm reden?

MÄURER. Ja, bitte, Meister; tun Sie das!

KÜHN. Übrigens hat's mit dem Dinge, wie mir einfällt, ne kuriose Bewandtnis. Die dänische Brigg, von der's wahrscheinlich stammt und die hier draußen gesunken ist, hat der junge Schuckert zwei oder drei Tage vorher, jenau mit die Figur, bei schönstem Wetter wafeln gesehn.

MÄURER. Weißt du, was wafeln ist, Lucie?

LUCIE. Nein.

MÄURER. In Schottland nennt man es ›second-sight‹.

LUCIE. Ach so, etwas mit dem zweiten Gesicht sehen.

MÄURER. Ja, zum Beispiel sein eignes Begräbnis.

KÜHN. Gott sei Dank, ich leide nicht dran, trotzdem ich alle Augenblick mal mit Sargbretter zu tun habe.

MÄURER. Ist jemand gestorben?

KÜHN. Nee, vorläufig nich; aber Vorrat muß sein. *Er legt sich zwei Bretter auf die Schulter und geht.* Adje, Herr Professor!

MÄURER. Wiedersehn, Meister Kühn. – – –*Lucie und Mäurer allein.*

MÄURER. Na, Schusterchen, ich bin ja im höchsten Grade überrascht, dich hier zu sehen.

LUCIE. Ich erst recht. Ich dachte, du bist auf die Südspitze zugegangen: deshalb habe ich mich hier in den Norden geschlängelt; es war wirklich nicht meine Absicht, dir aufzulauern.

MÄURER *schmunzelnd, klug, stoßweise:* So! So! Wirklich? Na na! Ein Musterkind! – Übrigens hast du gewafelt bei mir; denn ich wollte eben mal über unser grünes Kuhländchen nach dir Auslug halten. – Was liest du denn da?

LUCIE. Rate! –

MÄURER. Dann ist es nicht schwer zu raten: die Droste. – Wie lange liegst du schon hier, mein Kindchen?

LUCIE. Schon lange Zeit. – Mit wem hat diese Figur dort eine gewisse Ähnlichkeit?

MÄURER *faßt die Gallionfigur ins Auge:* Ich weiß es nicht! Etwa mit deiner Mutter?

LUCIE. Mit Mutter, gewiß.

MÄURER. Das finde ich nicht.

LUCIE. Ich würde vielleicht auch nicht darauf gekommen sein; aber ich habe von Mutter geträumt. Ich ging mit ihr unten am Strand spazieren, nachts, und da hatte sie ihre Hand mit dem bloßen Unterarm auch so an der Halskette und auch einen Kranz auf, wie diese Figur ihn hat. Ich hatte wohl also Mutters Bild und dies hier unwillkürlich verschmolzen. – Ich träume hier überhaupt furchtbar lebhaft und schleppe, merkwürdigerweise sogar mitten im hellen Sonnenschein, einen heißen Kopf und den Spuk der Nacht mit mir herum.

MÄURER *lächelnd, gehoben:* Aber sonst ist es wieder göttlich hier. Ich habe jetzt wieder Stunden erlebt, die unvergleichlich sind. Diese Klarheit! Dieses stumme und mächtige Strömen des Lichtes! Dazu die Freiheit im Wandern über die pfadlose Grastafel. Dazu der Salzgeschmack auf den Lippen. Das geradezu bis zu Tränen erschütternde Brausen der See, – siehst du, hier hinter der Brille ist noch ein Tropfen! – Dieses satte, strahlende Maestoso, womit sie ihre Brandungen ausrollen läßt. Köstlich!

LUCIE. Da hast du gewiß wieder interessante Ideen gehabt. *Sie nimmt sein Skizzenbuch.*

MÄURER. Nichts. Auf Ehrenwort, keine Linie. Schreibtafel her, ich muß mir's niederschreiben: Ich werde zwar diese unmoderne Gewohnheit nicht los, – aber vor so etwas heißt es einpacken. – Sag' mal, den Brief von Schilling hattest du doch?

LUCIE. Ich hatte ihn dir heut morgen wiedergegeben.

MÄURER *sucht in den Taschen und findet den Brief:* Richtig, freilich, da ist ja das Schriftstück. – Es hat sich mit meiner Depesche gekreuzt. – Ich würde mich mächtig freuen, wenn Schilling sich endlich mal aus seiner Misere mit einiger Energie herauslöste. – Hältst du's für möglich, nach diesem Brief? Du bist doch in solchen Sachen sehr schlau, Schusterchen.

LUCIE *zuckt mit den Achseln:* Nach diesem Brief, Ottfried, allerdings. Freilich, sicher kann man es, wie die Sachen mit Schilling liegen, nicht voraussagen. Er scheint ja in einer Krisis zu sein, aber sag' mal selbst, sein Verhältnis zu Hanna Elias ist schon manchmal in einer Krisis gewesen; und doch renkte sich alles immer wieder zu unsrem beiderseitigen Mißfallen ein. – Du weißt ja, was sie für Mittel hat! Wenn sie es absolut will, daß er bei ihr bleibt, na, so geht sie zu Bett und kriegt vier Wochen lang Nasenbluten. –

MÄURER. Äh, ich mag sie nicht! Ich bin in keiner Beziehung, nicht wahr, ein Weiberfeind; sie brauchen auch, weiß Gott, um mir zu gefallen, nicht alle deutsche Gänse zu sein. Aber diese Hanna macht mich ganz wild. Wenn ich sie ansehe, fast leichenhaft wächsern, wie sie ist, dann begreife ich nicht, wie sie leben kann, und hoffe, sie muß jeden Augenblick abschieben. Keine Ahnung! Sie lebt; sie denkt nicht daran und wird uns alle womöglich noch einbuddeln.

LUCIE. Ja, Ottfried, das kann ganz gut möglich sein.

MÄURER. Verzeih mir's Gott, wenn keine Aussicht vorhanden ist, daß sie in Bälde das Zeitliche segnet, dann muß mit Schilling erst recht was geschehn; dann muß man erst recht mit ihm einen letzten, rücksichtslosen Versuch machen. Dazu ist er zu gut, um an dieser Schürze zugrunde zu gehn.

LUCIE. Wer weiß, vielleicht ist deine telegraphische Einladung gerade zur rechten Stunde gekommen.

MÄURER. Merkwürdig, dieser ruhige, schlichte Mensch, der mehr als wir alle in seinem gelassenen Wesen gefestigt schien, ist durch diese Person ganz aus der Bahn gerissen. Als sie auftauchte, dacht' ich das Gegenteil. Seine Heirat mit Eveline war Unsinn. Sie hat ihn sich, weil er immer gegen die Äußerlichkeiten des Lebens gleichgültig war, wenn man ihn nur ungestört malen ließ, einfach angetraut. Und da war er mit einemmal ihr Ernährer. Hanna hat mehr Reiz, mehr Selbständigkeit, und so glaubt ich am Anfang, sie würde für seine Kunst das Rinascimento des vierten Jahrzehntes sein. Statt dessen stellt sie seine Existenz als Künstler und Mann überhaupt in Frage.

LUCIE. Woraus erhellt, da sie ebenfalls von orientalischer Faulheit ist, daß Weiber, die nichts zu tun haben, bloß Unfug stiften; und ich habe mir deshalb fest vorgesetzt, ich will diesen Winter sehr viel Kolophonium für meinen Geigenbogen verbrauchen.

MÄURER. Hast du die tausend und abertausend Stare und Schwalben auf den Strohmützen der Fischerkaten drüben in Vitte gesehn? Diese Aufregung, dieser Eifer, diese entzückende Reiselust! Packt es dich da nicht auch wieder mächtig?

LUCIE. Wenn ich am Meer sein kann, mit dir allein, und an einem versteckten Platz, wo uns niemand beunruhigt, so weißt du ja, daß ich sträflich bedürfnislos und zufrieden bin. – Weißt du übrigens, was mich der Fischer gefragt hat?

MÄURER. Nun?

LUCIE. Ach Unsinn, nichts! – Bloß, ob du ein Onkel von mir bist. – Ich habe gesagt, ich bin deine Großmutter.

MÄURER. Was die Menschen doch wie die Teufel neugierig sind! Aber laß das, Schusterchen, ärgere dich nicht! Klatsch macht man durch absolute Verachtung unschädlich! Hör' lieber zu, was ich beschlossen habe. Nämlich, dem guten Schilling gegenüber ist mein Gewissen nicht ganz rein. Moralische Urteile sind eigentlich nur Bequemlichkeit; und doch hab' ich mich dieser Bequemlichkeit dem Freund gegenüber, als ich seine Handlungsweise nicht recht mehr verstand, leider schuldig gemacht. Wenn es ginge, möchte ich das gern jetzt wieder ausgleichen. Aber das ist vielleicht Selbstbetrug. Ich bin vielleicht nur gut aufgelegt und möchte mein Wohlbefinden noch steigern.

LUCIE. Nun, ein ganz, ganz schlechter Kerl bist du ja gerade nicht.

MÄURER. Keinesfalls sehr viel schlimmer, als andere! – Das Stück Geld unterm Großmast, was nicht nur nach dem Aberglauben der Fischer darunter gehört, hat Schilling leider immer gefehlt; er wäre sonst zweifellos besser gesegelt. Und man ist in Geldsachen ja leider, wo Not an Mann ist, auch nicht immer durchweg zum Anstand geneigt. Aber jetzt, wo die Bremer nicht knausrig gewesen sind, will ich mal alles wieder gut machen. Ihr müßt beide mit mir nach Griechenland.

LUCIE *lustig:* Herrlich. Deine Brille funkelt ja förmlich, wie du das sagst. Und dein Haar sieht dabei schon wie eine Flamme auf einem Opfertiegel in Delphi aus.

MÄURER. Also will ich dir auch gleich mal was weissagen: jetzt schwöre ich dir, daß Schilling kommt.

LUCIE. Und ich glaube es auch, ich kann es bestätigen, daß er drüben auf dem Fußsteige durch das Moor schon mehrmals gewafelt hat.

MÄURER *beobachtet in die Ferne:* Wirklich, ein Mensch kommt über das Moor gelaufen.

LUCIE. Vor kaum zehn Minuten hat der kleine Dampfer von Stralsund drüben in Grobe angelegt. – Das ist er.

MÄURER. Er rennt wie ein Bürstenbinder. Teufel noch mal, das könnte wahrhaftig der Maler Schilling mit seinem Rucksack und seinem Pastellkasten sein! *Er ruft.* Ku u i!

LUCIE. Da will ich euch erst mal allein lassen!

MÄURER *blickt aus, zieht sein Taschentuch, schwenkt es und ruft:* Ku u i! Ku u i!

LUCIE *ruft schon von weitem:* Was ist denn das für ein Ruf?

MÄURER. Ku u i! So rufen die afrikanischen Buschleute.

LUCIE. Er bleibt stehen. *Sie will fort.* Adieu!

MÄURER. Adieu, mein Kind, adieu! Ich will mal kurzen Prozeß machen. Wenn er es nicht ist, komm ich dir nachgerannt. *läuft nach rechts hin ab.*

LUCIE *blickt noch immer über die Dünen ihm nach, kommt plötzlich hervorgeeilt, klettert einige Stufen sehr gewandt die Strickleiter am Signalmast hinauf, dort schwenkt sie das Taschentuch und ruft:* Ku u i! Ku u i! Ihr findet mich bei Klas Olfers im Krug!*Um den Schuppen herum kommt abermals Tischlermeister Kühn.*

KÜHN. Kommt neuer Besuch?

LUCIE. Ein ganzer Gesangverein, Meister, der Professor Mäurer ein Ständchen bringt.

Sie springt herunter und läuft davon, ab. Von links kommen eine Anzahl Fischer mit aufgekrempelten Hosen und blauen Jacken über die Dünen. Der junge Schuckert ist darunter. Es sind meist große, breitschultrige blonde Gestalten mit gedrungenen Bärten. Einige tragen ihre Transtiefel in der Hand. Etwas Lautloses, Visionartiges ist in ihren Bewegungen.

KÜHN. Schuckert!

SCHUCKERT. Wat is?

KÜHN *hat sein Brett auf seine Schulter geladen:* Help mi man noch een Brett up de Schuller.

SCHUCKERT *kommt zu ihm herüber:* Na denn fix tau!

KÜHN. Wirst du dat Ding doa baben verkoopen?

SCHUCKERT. Wat denn for'n Ding?

KÜHN. Dat Weib ohne Fiet.

SCHUCKERT. Hähähä! Wat hast du woll in din Breegenkasten, det du dat Unglück erhanneln wilt!

KÜHN. Wer seggt dir, dat ick dat erhanneln will. De fremde Professor will et erhanneln!

SCHUCKERT. De Fremde, de bi Klas Olfers is? Hähähä! Tschä, worum nich. Dat wier woll am Enn all mieglich to maken. – Adjüs Kühn! *Er setzt seinen Weg über die Dünen fort, nachdem er dem Tischler noch zwei Bretter aufgeladen.*

KÜHN. Hierst, bring dat Ding dal in'n Krug. Wist nich?

SCHUCKERT. Jau, jau.

KÜHN. De fremde Professor zahlt proper, segg ick!

SCHUCKERT. Hei soll ja wull hier baben een bisken sin! *Tippt sich mit dem Finger an die Stirn.*

Schuckert folgt den anderen Fischern und stößt mit ihnen unten vom Strand ein Segelboot durch das flache Wasser ins tiefe Meer. Meister Kühn rückt die Bretter auf die Schulter zurecht, dabei fällt ihm eins wieder herunter. Gleich darauf taucht Mäurer und sein Freund Schilling auf. Dieser ist ein hoher, blonder, bartloser Mensch, mehr der Typus eines feingeistigen Schweden, als eines Deutschen. Die Kleider hängen sehr lose um seinen mageren und eleganten Körper. Das Gesicht wirkt durch tiefliegende große Augen und Magerkeit etwas verfallen. Strohhut, Sommerüberzieher, Pastellkasten.

SCHILLING. Halten Sie mal, bleiben Sie mal stehen, Mann! *Er stolpert herzu, läßt den Malkasten fallen und faßt das heruntergefallene Brett an einem Ende mit zwei Händen an.* Komm, faß mal die andre Seite an, Ottfried!

KÜHN. Sie sind ja zu gütig! Recht scheenen Dank, meine Herren!

MÄURER *springt herzu, faßt die andere Seite des Brettes und er und Schilling fangen an, damit zu wippen:* Na also, da sind wir ja wieder mal drei vergnügte Berliner zufälligerweise auf einer unentdeckten, einsamen Insel zusammengeschneit.

SCHILLING *wippend:* »Berlin, Berlin, du dauerst mir!« *Sie legen dem Tischler das Brett auf die Schulter.*

MÄURER. Das ist nämlich 'n richtiger Berliner, mein Sohn.

KÜHN. Ich habe nämlich, wie dat so is, und dat mein Metier so mit sich bringt, een jroßes Pläsier an d' Särge machen. Särge hab ick sehr jern, bloß meinen eignen nich. Und wie nu mal, draußen am schlesischen Bahnhof hab ick jetischlert, der Fremde kam, der wo so klapprige Beene hat, und uzte mir, dat ick ma nu sollte meinen eignen hölzernen Schlafrock machen, da dachte ick mir, vorwärts, nu aber raus aus Berlin. Jawoll, de Ärzte hatten mir uffgegeben, und hier bin ick wieder fuchsmunter jeworn. *Er nickt und geht mit seinen Brettern auf der Schulter ab.*

SCHILLING *stutzt, betrachtet abwechselnd seine offenen Hände, die er sich harzig gemacht hat, und sieht dem Tischler nach:* Komisch, wie so ne Stimme hier anders klingt, und wie so'n gleichgültiger Kerl hier anders aussieht, als wie in Berlin – und wie so'n Brett sich anders anfaßt. *Er ruckt sich zusammen und nimmt seinen Malkasten wieder auf.*

MÄURER. Mensch, es war der allerschlauste Gedanke, den du seit Jahren gehabt hast, daß du gekommen bist.

SCHILLING *kurz, befremdlich:* Es hat sich gemacht.

MÄURER. Na also, es mußte sich auch mal machen. Das war doch zum Beinausreißen mit uns; man konnte deiner ja gar nicht mehr habhaft werden. Wie geht's, wie steht's?

SCHILLING. Wie du siehst, famos!

MÄURER. Wirklich, du siehst ausgezeichnet aus. Etwas spack natürlich, das macht die Stadt; aber wie du daherkamst, mit Jünglingsschritten, da sahst du wie 'n mittlerer Zwanziger aus.

SCHILLING. Ja, das macht das geregelte Leben, mein Sohn. Hübsch ausschlafen, nachts! Keine gegipsten Weine trinken! Nimm dir ein Beispiel, wenn du kannst, denn deine Nase hat etwas Verdächtiges.

MÄURER *faßt sich an die Nase:* Stimmt! Aber sage, Junge, was soll man tun? Unsereiner, der wie ein Maurer arbeitet, kann ohne was Geistiges eben nicht sein. Du hast dir das Trinken abgewöhnt?

SCHILLING. Das will ich nicht grade behaupten, Ottfried.

MÄURER. Nanu, Augen grad aus! Ist das nu was oder nicht? Ist so'n Anblick die acht Stunden Bummelzug etwa nicht wert, mein Sohn?

Sie vertiefen sich beide in den Anblick der See, die man laut und gleichmäßig rauschen hört, und in das Leuchten des blutroten Abendhimmels.

SCHILLING *dem die Augen vor Erschütterung überlaufen:* Es ist verflucht, wie unsereiner nervös auf dem Hunde ist. Man merkt das vor so einem plötzlichen Eindruck.

MÄURER. Das ging Lucie und mir nicht anders, Schilling. Als plötzlich die langen Schaumlinien auftauchten – wir kamen zu Fuß vom Fährhaus herüber zum westlichen Strand! – das hat uns beide höllisch überrumpelt; und ich glaube, wir haben beide, ich weiß nicht wieso, wie Kinder geflennt. Übrigens weißt du ja wohl, ist im Frühjahr Luciens Mutter gestorben.

SCHILLING *sonderbar ängstlich:* So? Ist sie gestorben? Ach! Woran?

MÄURER. Hat dir Rasmussen nicht davon gesprochen?

SCHILLING. Rasmussen hab ich jetzt nicht gesehen ... wie lange? – Gut anderthalb Jahre nicht.

MÄURER. Er hat Frau Heil zuletzt noch behandelt.

SCHILLING *nach längerem Stillschweigen:* Ja, wie das mit einem so eigensinnigen, in seinem Fach borniertem Menschen, wie Rasmussen, eben ist. Wessen unsereiner bedarf, das begreift er nicht. Ich hasse auch alle Moralphilister! Und er hat einen förmlichen Haß auf die Kunst. Wissenschaft! Nur immer Wissenschaft! Wissenschaft hier und Wissenschaft dort! Und im Namen der Wissenschaft jeglichen Unsinn. Und nun erst in Geschmacksdingen –: hottentottenhaft! Ich mußte mal mit ihm reinen Tisch machen.

MÄURER. Du, du, vermiese mir unsern Rasmussen nicht. Ein Kerl ... na, mit einem Wort: nicht zu spaßen. Solid! Wo man ihn anfaßt, ist auch was.

SCHILLING. Sag mal, an was ist Frau Heil gestorben?

MÄURER. Ein Herzleiden scheint es gewesen zu sein.

SCHILLING *tief atmend:* Kein Wunder, wenn man bedenkt, in welch stickige Atmosphäre die Menschen der Großstadt lebenslang eingekerkert sind. Leben heißt ihnen, sich aufregen, und an diesem ununterbrochenen Überreizungen sterben sie dann natürlich frühzeitig scharenweise elend hin! – Du kannst dir nicht denken, Ottfried, wie sehr ich diesmal nach dem Anblick gelechzt habe.

MÄURER. Warum nicht? Es ging mir genau so wie dir.

SCHILLING. Unmöglich! Ich habe mitten im Lärm und Asphaltgestank der Friedrichstraße schon immer das Meer vor Augen gesehen, tatsächlich, als richtige Luftspiegelung. Ich habe immer danach gegriffen! – Ich bin wie ein Seehund! Ich möchte gleich Hals über Kopf mitten hinein.

MÄURER. Das finde ich schließlich auch weiter nicht merkwürdig. Du solltest mal Lucie reden hören in ihrer fanatischen und direkt waghalsigen Badewut.

SCHILLING. Das ist auch was andres, das meine ich nicht. Ich glotze diesmal die See mit Augen an ... wovon ihr keine Ahnung habt, Kinder. Als wenn einem der Star gestochen worden ist. Dort stammen wir her, dort gehören wir hin.

MÄURER *lachend:* Du bist Wasser und sollst zu Wasser werden! – Wie geht's deiner Frau? Willst du was rauchen, Schilling?

SCHILLING *fahrig, zerstreut:* Wie Pauken und Zymbeln klingt das im Kopf! – Rauchen? – Eveline ist munter, Gott sei Dank! Soweit das bei ihr überhaupt möglich ist, nämlich. Eigentlich hab ich sie, ehrlich gestanden, nie wirklich bei guter Laune gesehn. *Er läßt sich auf der Düne nieder.* Sprechen wir lieber von was andrem. – Es kommt nämlich immer darauf an, wenn es sich um Miseren handelt, ob man imstande ist, sie zu beheben. Hat man das aber bis zur Verblödung auf jede erdenkliche Weise vergeblich versucht, so erscheint der gloriose Moment, wo man hunde-schnauzen-gleich-gültig wird: und dieser Moment ist bei mir erschienen!

MÄURER *klopft ihm auf die Schulter:* Fortschritt, mein Junge, wenn es so is!

SCHILLING. Na natürlich, Fortschritt! Etwa nicht? Glaubst du, ich wäre sonst hergekommen? – Sonst hätt ich mich nicht aus dem Staube gemacht!

Längeres Stillschweigen.

MÄURER. Wie wär's, wenn wir nun als zwei alte Freunde, Schilling, auf alle Umschweife ganz verzichteten, und auf sogenanntes Zartgefühl. Nehmen wir mal an, unsre Gefühle füreinander sind ehrlich und anständig; warum sollen sie denn da nicht offne und starke sein! Wenn du's also nicht krumm nimmst, so frage ich dich …

SCHILLING. Mit Hanna Elias ist es zu Ende.

Längeres Stillschweigen.

Ich kann dir sagen, du glaubst es nicht, wie ich die Zeit … die mir immerhin früher mal kostbare Zeit! – diesen Sommer wieder mit Scheffeln und Mollen wahnsinnig verschleudert habe. Ich kann keine Wanduhr mehr ticken hören, ich erschrecke bei jedem Pendelschlag.

MÄURER. Wer hat nicht mit Weibern Zeit verloren! Ja, welcher Mann, der wirklich einer ist, hat sich nicht selbst mehr als einmal an Weiber verloren. Das schadet nichts! Man läßt sich fallen, man hebt sich auf, man verliert sich und man findet sich wieder. Hauptsache bleibt, daß man Richtung behält. Wenn man Richtung behält und entschlossen fortlebt, so wette ich tausend gegen eins, was schlecht geheißen hat in der Zeit, muß dann in der Zeit auch wieder mal gut heißen.

SCHILLING. Ach, Junge, ich habe in meinem verpfuschten Leben zu schrecklich viel niederträchtigen Unsinn verdaut. Mit meiner unanständig anständigen Anlage habe ich, weiß der Teufel, so oft Fiasko gemacht, daß ich allen Ernstes darüber gegrübelt habe, wie man es anfängt, recht grundgemein, schweinemäßig praktisch zu sein. Ich

bin talentlos, ich kann es nicht. Dabei hab ich die Welt auf die aller-
verschiedenste Weise beguckt: durch die hohle Hand, durch die Beine,
von oben, von unten, von hinten, von vorn. Und ich kann mir nicht
helfen, ich habe immer nur eins gesehen: von weitem macht sie sich
ziemlich entfernt, aber aus der Nähe dafür über alle Begriffe stupide,
gemein und unanständig.

MÄURER. Schilling, ich lasse die Welt, wie sie ist; wir wollen uns damit
weiter nicht aufhalten. Ich habe dir selber, glaub ich, auch nicht immer
bloß die schöne Fassade gezeigt. Laß das, vergiß es, denk nicht daran!
Und jetzt, Junge, sag ich mal etwas Mystisches: wir sind aus der
gleichen Generation. Ich behaupte, da wir beide im gleichen Jahre an
der Außenfläche unsres Planeten erschienen sind, so sind wir auch
schon vorher miteinander gewandert, in ähnlichem Rhythmus, in
ähnlichem Schritt. Und wenn wir auch äußerlich nicht vereint gewesen
sind, so sind wir jetzt, wo wir uns wiedertreffen, im tieferen Sinne
gleich weit gelangt. Also schreiten wir nur mal wieder eine gute
Strecke stramm bewußt miteinander.

SCHILLING *forciert:* Topp Kinder, hier wollen wir lustig sein! Deibel
nochmal, tüchtig deutschen Sekt saufen und so tun, als wären wir
siebzehn Jahr mit den allergrößten Rosinen im Sack und hätten die
Nase nicht voll gekriegt. *Beide Freunde geraten in eine nervöse Heiter-
keit; alsdann stutzt Schilling, die Gallionfigur gewahrend.* Eiapopeia,
was raschelt im Stroh! Was ist denn das für 'ne seltsame Heilige?

MÄURER. Das ist von einem gestrandeten Schiff die Gallionfigur.

SCHILLING. Äh, überall diese wahnwitzigen Weibsbilder!

MÄURER. Etwas übergeschnappt sieht sie wirklich aus.

SCHILLING. Sag mal, findest du da keine Ähnlichkeit?

MÄURER. Lucie behauptet mit ihrer Mutter.

SCHILLING. Nein, Luciens Mutter meine ich nicht. – Im Ausdruck das
Haar, auch in der Bewegung.

MÄURER. Mir dämmert es schon! Aber ich billige dieses Ähnlichkeits-
aufstöbern nicht. – Trau einem alten, gezausten Fuchs wie mir, mein
Sohn: verwickle dich nicht in Ähnlichkeiten. Das sind Schlingen, die
man sich selber legt. Und wenn wirklich die Holzpuppe Hanna Elias
ähnlich sieht, so mache dir klar, sie hat mit ihrer lüsternen Nase ihr
ganzes Schiff in einen nicht grade feucht-fröhlichen Abgrund verführt.
– Atme, Mensch, trinke die starke Luft, und laß das Gespenst deines
Lebens von gestern dein wirkliches Leben von heut nicht mattsetzen.

SCHILLING. Da ist keine Gefahr mehr, Gott sei Dank! – Ich sage dir ja, diese Sache mit Hanna ist versunken. Wir haben uns endlich mal so vollkommen geklärt, so in alle Winkel unsrer Beziehung hinabgeleuchtet, daß da absolut nichts mehr zu erörtern bleibt.

MÄURER. Dann gratulier ich von Herzen, Schilling.

SCHILLING. Verdorben, gestorben, eingesargt, zwölf Klafter tief unter die Erde begraben. – Und, Ottfried, den Gefallen mußt du mir tun: kein Wort, keinen Laut mehr von dieser Geschichte. – Du kennst mich ja; ein für allemal, Ottfried: wenn mir mal ne Erinnerung über die Leber läuft, bitte, laß mich, bemerke es nicht. Es sind manchmal läppische Kleinigkeiten!

MÄURER. Ähnlichkeiten!

SCHILLING. Ein dunkles Auge ... irgendein Zug um den Mund, das kann Tote wieder lebendig machen! Aber dann laß mich, störe mich nicht! Denn das lähmt mich in meiner Brutalität. Man muß brutal sein, man braucht alle Kraft, um so eines bleichen gestrigen Wesens Meister zu sein! *Er springt auf, wirft Hut, Stock und Rucksack weg und beginnt sich auszukleiden.* Und nu Junge, Reinheit, Freiheit! Luft! Gott sei Dank, ja, man kann hier wieder mal atmen! Hoffentlich kommt bald 'n Sturm! So was Wildes, Frisches, Tolles, Brausendes, Salzhaltiges brauche ich! – ein Bad! – Kein Weibergeplärr! Kein Zungengedresch in Nachtcafés! In Freiheit zugrunde gehn, meinethalb – nur nicht vergurgeln in einem Abraumkanale! *Er rennt, halb entkleidet, gegen die See hin.*

MÄURER. Nicht zu weit hinein, Schilling!

SCHILLINGS STIMME. Bade mit, Ottfried! Herrlich! Ahoi, ahoi!

Zweiter Akt

Das enge, niedrige Wohnzimmer der Familie Klas Olfers in Klas Olfers'
Gasthaus auf Fischmeisters Oye. Durch eine Tür in der Hinterwand er-
blickt man den Flur und eine leiterartige Stiege ins Dachgeschoß. Jenseits
des Flurs durch eine andere offne Tür das geräumige Gastzimmer. Die
Wand rechts im Wohnzimmer ist ebenfalls mit einer Türe versehen, die
zu einem dunklen und überfüllten Ladenraume führt, worin Klas Olfers
Waren für die Bedürfnisse der armen Fischer hält. An der gleichen Wand
steht ein altes Ledersofa, davor ein Tisch, über diesem ist eine billige
Hängelampe angebracht, um ihn herum stehen gelbpolierte Stühle aus
Fichtenholz; etwas seitlich davon eine kleine Wanduhr. Die Wand links
enthält ein kleines Fensterchen mit Mullgardinen. Am Fenster ein kleiner
Nußbaumnähtisch; in der Ecke links ein Schreibsekretär aus gleichem
Holz, in der Ecke rechts ein weißer Kachelofen, über dem Sofa ein Öldruck
der kaiserlichen Familie, auf dem Fußboden ein Teppich aus zusammen-
gestückelten Läppchen, eine rot und weiß karierte Decke auf dem Tisch.
Auf einer Kommode an der Fensterwand eine Porzellanuhr mit Glocke
und einige Steingutväschen mit Papierblumen. Auf dem gehäkelten
Deckchen des Nähtisches Familienphotographien in stehenden Papprähm-
chen. Oben auf dem Nußbaumsekretär befindet sich eine ausgestopfte
Seemöve, die mit ihrem Kopf die weißgetünchte Zimmerdecke berührt.
Das Ganze macht einen ungemütlichen, höchst bescheidenen Eindruck.

Es ist Morgen, gegen acht Uhr. Klas Olfers, über fünfzig Jahre alt,
graubärtig, von pergamentener Haut und beängstigend bläulicher Gesichts-
farbe, sieht zu, wie die Magd den Tisch für das erste Frühstück zurecht
macht. Die Ereignisse des ersten Aktes liegen drei Tage zurück.

Vor der Tür wird lebhaft mit einer Peitsche geknallt.

KLAS OLFERS *wird aufmerksam:* Nanu? Wat wie det?
DIE MAGD. Det is de olle Mathias von de Fährinsel mit sinen loahmen
    Grauschimmel. He bringt twee fremde Doamens up sin Brettwoagen.
KLAS OLFERS *am Fenster:* He, Mathies! Wat hest du woll bei die
    Herrgottsfrühe schon for'n Butt ut de Rois'n holt!
STIMME DES MATHIAS. Tschä! Det is nu nich anders, Klas Olfers.
KLAS OLFERS. Ick komm gliek rut! – Spring man fix tau, Dearn. Help
    de Doamen ut de Karreet!

DIE MAGD. Et is man bloß noch eene im Wagen drin.

Hanna Elias steht in der Flurtür. Auf dem rabendunklen Haar trägt sie einen dunklen, breiten Strohhut mit Mohnblumen garniert. Die Haut ihres Gesichtes ist von wächserner Blässe und Durchsichtigkeit. Ihre Züge sind äußerst fein und dabei intelligent. Ihre Augen sind groß, dunkel, unruhig. Über all ihren Bewegungen liegt etwas Unstätes. Sie kann die Finger nicht still halten. Ein Zug des Nachdenkens, gleichsam über ein Problem, dessen Lösung ebenso aussichtslos als unbedingt notwendig ist, befällt sie immer, sofern nicht äußere Eindrücke sie ablenken. Ihre Kleidung im ganzen zeugt von exotischem Geschmack, wie denn überhaupt der Eindruck, den sie hervorruft, fremdartig ist. Sie ist zart, eher klein als groß und gehört jenen Frauen an, bei denen nicht ohne weiteres zu entscheiden ist, ob sie die Zwanzig kaum überschritten haben, oder ob sie über die Dreißig sind.

HANNA *gut deutsch, nur leicht fremdartig im Ausdruck:* Bekommt man hier auf ein bis zwei Nächte Unterkunft?

KLAS OLFERS. Tschä! gewiß! Dat schell uns woll keene Kopfschmerzen maken, min Freilein! Es is zwar alles knüppeldickvoll bei Klas Olfers, aber von die zwölf Gastzimmer … Stücker dreizehn sind deswegen immer noch frei. Wünschen Sie en Zimmer oder zwei?

HANNA *in den Hausflur sprechend:* Wir nehmen doch zwei Zimmer, Fräulein Majakin?

FRÄULEIN MAJAKIN *im Hereintreten:* Wenn ich bitten darf, nehm ich für mich ein Zimmer.

Fräulein Majakin ist eine siebzehnjährige Russin aus Petersburg. Obgleich sie nicht groß ist, muß man sie, da ihr alles Backfischartige, Halbreife abgeht, für älter halten. Ihre Kleidung ist durchaus schlicht und unauffällig.

KLAS OLFERS *der sein gesticktes Käppi in der Hand dreht:* Se kennen twee Zimmer nebeneinander hoaben, meine Doamens, nach See rut. Wollen Sie glik auf't Zimmer gehn?

FRÄULEIN MAJAKIN. Wenn Sie hierbleiben wollen etwa, Frau Hanna, ich gehe doch vorher einmal hinauf.

HANNA *die unschlüssig schien:* Ich auch, natürlich.

KLAS OLFERS. Fix, Dearn, spring vorut! *Die Magd drückt sich eilig an den Damen vorbei in den Flur und man hört sie laut polternd die Holzstiege hinaufstürmen. Klas Olfers fährt fort.* Denn dürft ich woll freundlichst gebeten haben!?

Er postiert sich, das Käppi in der Hand, an der Flurtür, die Damen folgen, nachdem Hanna das Zimmer mit den Augen durchforscht und ihr Sonnenschirmchen an einen der Stühle gelehnt hat, dem Dienstmädchen, Klas Olfers den Damen, so daß der Raum leer bleibt. Ein Fischer in blauer Jacke steckt seinen hellblonden, bärtigen Kopf aus dem Laden herein. Es ist Schuckert.

SCHUCKERT. He! – Klas Olfers! – Ick wull gern een Stücker twelf Meter Tau hebben! – He, Klas!

Respekt vor der guten Stube, dem gedeckten Frühstückstisch bewirken, daß Schuckert seine Stimme dämpft.
Durch den Hausflur trägt der alte, mächtige, schwarzhaarige Fischer Mathias das Gepäck der Damen vorüber. Klas Olfers kommt ihm die Treppe herab entgegen.

KLAS OLFERS *im Hausflur:* Lat et man lieber unnen stehn, Mathies! 'n Kierl wie du mit diene Transtebel bricht mie sünst noch miene Stiegen dörch! – Komm in de Gaststub, trink 'n Glas Beer!

MATHIAS *läßt den Gepäckhaufen liegen, richtet sich auf, nimmt die blaue Schildmütze ab, so daß die Luft an den Scheitel kann, hält sie aber in einiger Entfernung über dem Kopfe fest und streift mit dem Handrücken der Rechten den Schweiß von der Stirn. Dabei pustet er erleichtert:* 't makt warm, Klas Olfers! 't makt wedder warm hüt!

KLAS OLFERS *zu dem Mädchen, das eilig die Treppe herunterkommt:* Bring das Gepäck na baben, Dearn!

SCHUCKERT *hat über den Vorgängen im Flur den Zweck seines Kommens vergessen. Erinnert sich nun wieder und ruft:* He! – Klas Olfers! Ick wull giern een Enn Tau hebben! – Klas! – Unn twee Meter ... twee Meter Sägellinwand .... *Als niemand auf ihn hört ...* Sägellinwand wull ick girn hebben.

KLAS OLFERS *indem er mit Mathias die Gaststube gegenüber betritt:* Na, Mathias, wie is? Wenn kenn wi mal wedder scheunen, fetten Oal hebben?

*Sie verschwinden im Gastzimmer. Man hört zuweilen von dort den
schweren Schritt des Fischers, Klappern von Bierseideln und das
undeutliche Geräusch plattdeutscher Unterhaltung. Nun kommt die
Treppe herunter und in das Zimmer herein Mäurer, ein Buch und
einige Drucksachen in der Hand. Er nimmt am Tisch Platz. Schuckert
hat seinen Kopf zurückgezogen. Mäurer entfaltet eine Karte und
blickt kopfschüttelnd auf, als das geschäftige, laute Gepolter von
Tritten auf der Treppe nicht abreißt. Plötzlich steckt Lucie ihren
Kopf zum Fenster herein.*

LUCIE. Guten Morgen, Herr Mäurer!
MÄURER. Na, endlich jemand. Wo steckt ihr denn? Glaubt ihr, ich
kann von der Luft leben?
LUCIE. Bist du allein?
MÄURER. Mutter-Hund, so zu sagen, eine geschlagene Stunde lang.

*Lucie verschwindet vom Fenster, kommt schnellfüßig durch den
Hausflur ins Zimmer, schließt die Türe hinter sich, die Tür nach
dem Laden ebenfalls, geht wortlos auf Mäurer zu, umhalst ihn, zieht
ihn nach rückwärts, so daß der Stuhl kippt, und küßt ihn zu vielen
Malen mit frischer, gesunder Leidenschaftlichkeit. Sie ist im fußfreien
Leinwandkleidchen vom Baden gekommen, trägt die Wäsche noch
unterm Arm und das Haar zum Trocknen offen. Mäurer wehrt sich
zunächst nicht, dann zieht er das Mädchen auf seinen Schoß und
küßt sie, merklich erwärmt, auf den Mund, wobei er den Duft ihres
erfrischten Körpers einzusaugen scheint.*

MÄURER. Frische Seejungfer!
LUCIE. Gott sei Dank, daß ich dich endlich mal allein habe. Das kommt
jetzt gar nicht mehr bei uns vor.
MÄURER. Außer, wenn die Hunde den Mond anbellen!*Stillschweigen
und erneute Küsse.*
LUCIE. Ich schlafe hier furchtbar wenig, Ottfried. Es war wieder taghell
diese Nacht. Ich habe nach zwölf Uhr noch ohne Kerze gelesen. –
Sie küßt ihn wieder.
MÄURER *von ihr umhalst:* Halt, Lucie, sei nicht so unvorsichtig!
LUCIE *stutzt und verstummt einen Augenblick, dann lacht sie mit ver-
doppelter Lustigkeit aus gesunder, übermütiger Kinderseele heraus, toll
und hinreißend:* Man merkt, daß du heuer noch kein Seewasser ge-

schluckt hast, Ottfried! Sonst würden dir sämtliche Spießbürger der Welt, so wie mir, piepschnuppe sein; – *sie gerät wieder in einen neuen gesunden Lachkrampf von innen heraus, dann Olfers nachahmend:* »Heute mittag woll wi zur Abwechslung wieder mal Kabeljau essen!« Bis zur Übelkeit Kabeljau! Jau, jau, Kabeljau!

MÄURER. Kriege bloß keinen Lachkrampf, liebe Lucie!

LUCIE. Und dann lassen wir uns von Klas Olfers seinem gestickten Käppi eine Bouillon kochen.

MÄURER. In solchen Fällen pflegte meine Schwester früher immer zu mir zu sagen: du ahnst etwas!

LUCIE. Die See! Die See! Die See! Die See! Wenn ihr wollt, daß ich wieder lebendig und fuchsfidel munter werde, wenn ich mal sollte gestorben sein, so braucht ihr mich bloß in Seewasser zu tunken!

Sie nimmt vor einem kleinen Spiegelchen ihr Haar zusammen.

MÄURER. Sag mal, hast du Schilling gesehen?

LUCIE. Schilling treibt's mit dem Baden viel toller als ich. Er schwimmt, bis man ihn aus den Augen verliert; der kann aus dem Wasser erst recht nicht herausfinden.

MÄURER. Ich finde, daß seine Laune zusehends besser wird.

LUCIE. Na, ganz gewiß.

MÄURER. Auch sein Betragen ist wieder viel offner und freier, mehr, wie es in alten Zeiten war.

LUCIE. Ich finde ihn geradezu ausgelassen. Ich habe ihn so überhaupt nicht gekannt.

MÄURER. Da hast du wohl recht. Das kannst du wohl sagen. In der Zeit, als du ihn zum erstenmal sahst, hatte er schon seinen Klaps weggekriegt. *Schilling erscheint am Fenster.*

SCHILLING *mit blauen Lippen und vor Frost klappernd:* Jetzt aber ein Königreich für einen heißen Kaffee, Kinder!

MÄURER. Schilling, ich sage dir, wenn du so wahnsinnig übertreibst, wirst du nochmal so oder so dran glauben müssen: entweder ersaufst du, oder du kriegst einen Schnupfen weg, an dem du dein Lebelang zu niesen hast!

SCHILLING. Den brauch ich nicht kriegen, den hab ich schon.

LUCIE. Haben Sie jemals in Ihrem Leben eine solche wasserscheue Unke gesehen?

SCHILLING. Landratze! Unverbesserliche, feige Landratze! –*er singt:*

Am Woasser, am Woasser
Am Woasser bin i z'haus!

*Singend und mit den Fingern schnipsend, wie ein Schuhplattlertänzer,
entfernt er sich vom Fenster. Lucie und Mäurer lachen
ununterbrochen, während Schilling singend durch den Flur und ins
Zimmer kommt.*

MÄURER. Nanu aber Frühstück! Kaffee! Wirtschaft!
SCHILLING. Klas Olfers! Wirtschaft! Wir demolieren das ganze Haus!

*Alle drei trommeln in ausgelassener Lustigkeit auf dem Tisch herum.
Klas Olfers kommt mit komischem Entsetzen aus der Gaststube über
den Flur herein.*

KLAS OLFERS. Um Gottes willen! Wo fehlt et denn, meine Herrschaften?
MÄURER. Im Magen, Herr Olfers.
KLAS OLFERS. Dat is immer better als im Kopp.
SCHILLING. Oder in der Westentasche.

*Das Dienstmädchen kommt feuerrot mit einem schwerbeladenen
Kaffeebrett.*

KLAS OLFERS. Dearn, bring Kaffee!
DIE MAGD. Gehn Se man aus'n Weg, Herr Olfers! *Olfers drückt sich
schnell beiseite.*
LUCIE. Sehn Sie, Herr Olfers, Ihre Bemühungen um die Wirtschaft
werden noch nicht mal anerkannt.
KLAS OLFERS. Mit de Fruenslüt möt een klogen Mann dat gewehnt
sin, Freilein!
MÄURER. Sie haben wohl neue Gäste gekriegt?
KLAS OLFERS. Twee Fruenslüt von Breege dröben per Sägelboot. Se
sünd all in Breege up Rügen dröben to Boadekur.
SCHILLING. Jung oder alt?
KLAS OLFERS. Scheune Matjeshäringe! Ick segg awer, det et unbedingt
müssen ausländ'sche Doamen sin!
MÄURER. Fischmeisters Oye wird Weltbad, Olfers!

*Die Magd hat den Tisch geordnet und sich entfernt. Mäurer, Schilling
und Lucie fangen sogleich an, lebhaft einzuhauen. Milch und Kaffee*

werden eingegossen, Eier zerklopft, Brote mit Butter gestrichen, Aufschnitt geschnitten. Formen werden dabei nicht pedantisch gewahrt.

KLAS OLFERS *steht, sieht zu und dreht befriedigt einen Daumen um den andern. Nach einer Weile sagt er:* Die See macht Apptit! – Na, wenn't man schmeckt!

MÄURER. Vorzüglich! – Sagen Se mal, Herr Olfers, kriegen wir heut mittag Schweinebraten?

KLAS OLFERS. Joa! Det kann am End wohl lickt angängig sin.

MÄURER. Ich dachte mir's.

KLAS OLFERS. Worum dachten sich det?

MÄURER. Na, ich denke, das Schwein is heut nacht an Rotlauf draufgegangen!

KLAS OLFERS. Tschä! Got, dat ich versichert woar.

Lucie und Schilling platzen heraus.

KLAS OLFERS *dem der Spaß jetzt einleuchtet:* I wat? Von düß Swin Swinebroten? Nee, Herrschaften, dat gift et bie Klas Olfers nu und nimmermehr!

SCHILLING. Wo beziehen Sie denn Ihren Kaffee her?

KLAS OLFERS. Allet ut Stroalsund.

SCHILLING. Gibt's denn in Stralsund so große Kornfelder?

KLAS OLFERS. Ooi, oi, oi! Mine Herrschaften, Si foppt mi!*Er läuft mit Zeichen gemütlichen Entsetzens hinaus.*

LUCIE. Kinder, ärgert den alten Trottel nicht immer so schrecklich!

SCHILLING. So! Und jetzt kann man sich endlich in aller Ruhe eine Importe für zehn Pfennig ins Gesicht stecken. *Er lehnt sich zurück und zieht sein Zigarrenetui.*

MÄURER. Du hast aber gar nicht soviel Hunger gehabt!

SCHILLING. Meistens Durst. – Leichtes Getränk! – Sogar das einfache Lagerbier ist mir zu schwer. – Es muß was sein, wovon man viel trinken kann! – Das grasgrüne, sogenannte Trinkwasser hier auf der Insel ist ganz scheußlich! Geradezu eine Kalamität!

MÄURER *sich zurücklehnend:* Na, wie denkst du heut über Griechenland?

SCHILLING. Wie immer! Ein formidabler Gedanke!

MÄURER. Möchtest du nicht mal endlich dorische Säulen sehen, dort, wo sie gewachsen sind?

SCHILLING. Na ob und wie!

MÄURER. Nu aber mal ernsthaft! Wir müssen darüber mal ernsthaft nachdenken.

SCHILLING. Darüber denke ich seit meinem sechzehnten Jahre ernsthaft nach.

MÄURER. Aber nicht über meine präzisen Vorschläge.

LUCIE. Diese Nacht im Traum bin ich ununterbrochen mit ziemlichen Schwierigkeiten von einer griechischen Insel zur andern voltigiert.

SCHILLING. Redet mir bloß nicht von Träumen, Kinder! Meine Seele war diese Nacht in dem Aal, den ich gestern abend gegessen habe. Wahrhaftigen Gott! Und ich schrie, als der Aal, weil ich schreckliche Angst vor einem ekligen Aalnetze hatte!

MÄURER *lachend:* Bleiben wir mal bei der Stange, mein Sohn. Es ist jetzt die Rede von Griechenland. Du weißt, daß ich mir bei einigem guten Willen einreden kann, daß ich hin muß. Und es ist auch mein fester Vorsatz. Nun weiß ich nicht, was du dagegen haben kannst, mit uns mal zum Zwecke einer allgemeinen Aufpolsterung dort unten herumzusteigen?

SCHILLING *mit verändertem Ton:* Mein Junge, ich ziehe mir morgens die Kleider an und finde das manchmal schon zu umständlich. Ich ziehe sie abends wieder aus und habe etwas mehr Spaß daran; damit habe ich mehr als genug zu tun. Was darüber hinausgeht, ist mir zu weitläufig.

MÄURER. Ist das die Wirkung von euren Seebädern?

SCHILLING. Weiß Gott, wovon das die Wirkung ist! Sieh mal, es gab mal bei mir eine Zeit, da braucht ich an einem grauen Tag nur in der Ferne, zum Beispiel an einem Berg oder an einem der märkischen Seeufer irgendeinen von der Sonne beschienenen Fleck zu erblicken, sofort verlegte ich auch ein Stück Eden dahin. Was sollte ich heute in Griechenland? Ich kann in die Dinge nichts mehr hineinlegen. Äh, stellen wir erst die Uhr mal ab. *Er steht auf und stellt den Pendel der Wanduhr still.*

MÄURER. »Es gab eine Zeit«! was tu ich damit? Du solltest eine so schwächliche, sentimentale Altweibersommermeditation wahrhaftig anderen überlassen. Und die Uhr wird auch nicht mehr abgestellt! *Er springt auf und stößt den Pendel der Uhr wieder an, so daß sie geht. Lucie bricht in Gelächter aus.* Taten, mein Junge! Malen! Arbeiten! Was meinst du wohl, wie gesund das ist!

SCHILLING. Nanu will ich dir mal was anderes sagen: ich reise seit meinem sechzehnten Jahre jedes Frühjahr und jeden Herbst mittels einer sehr lebhaften Phantasie nach Griechenland. In Wirklichkeit bin ich nie hingekommen; da glaubt man nu mal so recht nicht mehr dran.

Lucie nimmt eine Gitarre vom Sofa und zupft darauf leise die »Ruinen von Athen« von Beethoven.

MÄURER. Das ist Sache der Berlin-Wien-Triester Eisenbahn und des Österreichischen Lloyd, keine Glaubenssache. Man kauft ein Billett, und dann ist man dort. Und wenn man erst dort ist – in lumpigen vier, fünf Tagen kann man es sein, Schilling! – so sieht man das bißchen Kehricht im Winkel eines Berliner Ateliers ganz anders an. Man sieht's überhaupt nicht mehr, kann ich dir sagen. – Man muß doch mal deutlich mit dir sein.

SCHILLING *mit lauter, scheinbarer Zustimmung:* Na los, Kinder, woll'n wir heut mittag abreisen! – Ich rauche noch meinen Glimmstengel aus, und dann fang ich an, meine Sachen zu packen, und nu red aber einer noch 'n Wort.

Lebhafter Heiterkeitsausbruch von Lucie und Mäurer ob des drolligen Auftrumpfens. Schilling ist aufgestanden und geht heftig paffend im Zimmer umher. Mäurer erhebt sich ebenfalls, hält eine Zigarre in der Hand und versucht mehrmals vergeblich ein Streichholz anzuzünden.

MÄURER. Weiß der Teufel, ich kann vor Erregung kein Streichholz mehr ankriegen, so oft die Idee, das Land des goldelfenbeinernen Zeus – das Land, in dem beinahe mehr Götter aus Erz und Marmor als Menschen gewesen sind – mal wiederzusehen, mich packt. Die Welt der Barbarenhorden, in der wir leben, ist ja doch nur von grimassenschneidenden Affen erfüllt!

SCHILLING. Anwesende hoffentlich ausgeschlossen.

MÄURER. Allerdings; denn nach Rasmussen ist es klar, daß die alten Griechen, genau wie wir, langschädlige, blonde Kerle gewesen sind.

SCHILLING. Ich bitte dich, rede mir bloß nicht von Rasmussen.

MÄURER. Er mag manchmal so lächerlich und so verbohrt wie möglich sein: wenn du ihn mal brauchst, so wirst du ihn finden!

SCHILLING. Gott sei gedankt, getrommelt und gepfiffen, ich brauche ihn nicht.

LUCIE *legt die Gitarre weg und springt auf:* Kinder, ich werde mich jetzt ein bißchen umziehen und anziehn gehn; dann werde ich einige Kreutzeretüden herunterhaspeln, denn wenn ihr wirklich nach Griechenland reist, so laß ich mich unten in Athen doch natürlich vor der Königin hören.

Sie eilt durch den Flur die Treppe hinauf ab, gleich darauf hört man von oben Geigenspiel.

SCHILLING. Nee, Hellas und Rasmussen vertragen sich nicht.

MÄURER. Laß ihn, es handelt sich jetzt nicht um Rasmussen. Es handelt sich jetzt um dich und mich. Meine Idee wäre, daß wir vielleicht erst ein bißchen nach Kleinasien gehn, von da nach Athen, dann bleiben wir in Korfu zwei, drei Wochen lang; und im März sind wir unten in Florenz, wo ich ja Gott sei Dank meine Ateliermiete vor kurzem, und zwar noch im letzten Augenblick, für drei Jahre erneuert habe. Dort kannst du auch, von den Uffizien gar nicht zu reden, mal wieder nackte Modelle sehn.

SCHILLING. Ich möchte dran glauben, wahrhaftig, Ottfried! Beinahe kann ich's, es geht aber nicht! – Sieh mal, mir dreht sich die Galle im Leibe um, wenn ich denke, wieviel ich in den letzten fünf Jahren endgültig und unwiederbringlich verlumpt habe. Es ist zu spät, man holt's nicht mehr ein!

MÄURER. Bis zum siebenunddreißigsten Jahr kommt niemand ohne Blessur durch die Welt. Wir haben alle ein verknotetes Schicksal als Aufgabe, und die Lösung kann immer wieder nichts anderes sein als die Tat.

SCHILLING. Du stehst breit und fest und kraust dir den Bart. Dir gereicht eben alles zum Guten schließlich, und mir schlägt es zum Miserablen aus.

MÄURER. Nein, ich habe nur immer den Grundsatz gehabt, den ich auch dich zu befolgen bitte und der: »Nimm Kraft aus deiner Schwäche« heißt.

SCHILLING. Ich hab keinen Pfennig Geld in der Tasche.

MÄURER. Daß du das immer wieder betonst, ist bei einer alten Freundschaft wie unserer lächerlich.

SCHILLING. Das hab ich auch schon … das klingt sehr verlockend! … das hab ich auch schon von Frauenzimmern gehört. Und dann ist es mir ziemlich übel bekommen.

MÄURER. Frauenzimmer und Freund ist ein ander Ding. Muß ich dich dran erinnern, Schilling, daß ich in alten Zeiten als Hungerleider mal vor deiner Tür um fünfzig Pfennig bitten gewesen bin, um nur mal wieder zu mittag zu essen?

SCHILLING. Es hält mich nichts, es hindert mich nichts. Ich bin bereit, und im Augenblick meinethalben, mit dir nach dem Monde zu reisen. Und doch glaub ich an die Geschichte nicht! – Sieh mal, von meiner »Gattin« Eveline bekam ich noch gestern abend hier diesen Brief. Du weißt vielleicht nicht, daß sie über die neue Wendung der Dinge mit … mit Hanna im siebenten Himmel ist. – Ja, ich hatte ihr scherzweise etwas von deinen Absichten angedeutet. Ich hatte das Maul etwas vollgenommen, so etwa wie: meine ganze bisherige Tätigkeit wäre eigentlich lauter Vorarbeit und so weiter, und hoffte jetzt wirklich mit dem wirklichen Werk mal anzufangen; was man so, um Seiten zu füllen, schreibt. Und da lies mal gefälligst den Dithyrambus! *Er wirft Mäurer den Brief hin.* Also! Was sollte mich also festhalten? – vorausgesetzt, daß von dem Reisegeld etwas für die Mäuler zu Hause übrig bleibt.

MÄURER. Was willst du mit siebenunddreißig Jahren, mein Junge, denn anders gemacht haben als die Vorarbeit? Der Japaner Hokusai sagt: alles, was er im Alter vor siebzig Jahren gemalt habe, sei nicht der Rede wert. Und du willst im Alter des Schülers verzweifeln.

SCHILLING. Na, Teufel, da will ich mir noch eine anstecken! – *Merkbar erregt, zündet er seine zweite Zigarre an.* Weshalb auch nicht? – Na, alsdann! Versuchen wirs eben noch mal. – Schneid hätt ich eigentlich immer, bloß eigentlich keine Traute nicht. Es ist wahr, ich fühle mich hier etwas anders. Ich fühle mich hier – ich finde wirklich, daß feste Entschlüsse ganz günstig wirken! – ich fühle mich hier sogar aufgefrischt! Ich könnte beinahe glauben – beinahe wieder glauben, es gibt außer dem jammerwürdigen Sackhupfen nach der Krume Brot und ähnlichen kläglichen Amüsements noch einen anderen Zustand in der Welt. Die Erinnerung an … an … an den Gestank fängt an zu verblassen in … in der salzigen Inselluft. Man bildet sich ein … ganz ohne Spaß, man bildet sich ein … man fragt sich, ob man sich denn tatsächlich in diesen verdammten, rückwärtigen Trichter muß hineinziehen lassen? – Warum denn? Nein! Ich glaube das nicht! Ich werde mal ganz entschieden nein sagen! Warum laß ich nicht alles mal sitzen und liegen und hocken und quetschen und stinken nach Herzenslust? Warum nicht? Denkst du vielleicht, ich kann das nicht? Was denn? Sie saugen sich an wie die Blutegel, sie binden einem Hände und Füße delilahaft, sie gießen einem Blei ins Hirn, sie knebeln einem das Maul mit Gemeinplätzen und pauken einem mit einem täglichen Hagel von faustdicken Dummheiten das letzte bißchen Ehrgefühl aus dem Tempel raus. Sucht mich im Peloponnes, meine Herrschaften! *Während seines halb ernsten, halb drolligen Ausbruchs hat Schilling sich erhoben und läuft umher. Gemeinsames Gelächter beider Freunde beschließt die Rede.*

MÄURER. Bravo! Man muß sich die Leber mal freipulvern!

Schilling entdeckt plötzlich das Schirmchen der Hanna Elias. Er nimmt es auf und besieht es von allen Seiten.

SCHILLING *immer noch in Betrachtung des Schirmchens vertieft:* Sage mal, wem gehört denn das?

MÄURER *das Schirmchen prüfend:* Das wird 'n Schirmchen von Lucie sein! – Aber nein: die trägt ja nie solche Dinger.

SCHILLING *betrachtet das Schirmchen, blickt dann mit einem fragenden Ausdruck in Mäurers Augen, dann wieder auf den Schirm, den er aufspannt. Er untersucht den Griff, liest von einem Silberplättchen:* »Zum 13. Juni 99« – *sieht wiederum Mäurer an, tut wie abwesend einige Schritte langsam und dumm lächelnd auf die Flurtür zu, bleibt stehen, schließt das Schirmchen, sagt halb abwesend, mit dem Ausdruck der Verlegenheit:* – Ganz unbegreiflich! – *scheint dann aufzuwachen und geht mit den Worten:* Entschuldige mich mal einen Augenblick! – *durch den Flur in das Gastzimmer, um Klas Olfers zu suchen.*

MÄURER *ergreift einen Spazierstock und stößt dreimal gegen die Zimmerdecke. Sogleich verstummt das Geigenspiel und Lucie kommt die Treppe heruntergepoltert und ins Zimmer.*

LUCIE. Ist Schilling hier?

MÄURER. Nein. Was ist denn los?

LUCIE. Ich habe in diesem Augenblick oben auf dem engen Gange zwischen den Zimmern eine Dame getroffen, die sah wie Hanna Elias aus!

MÄURER. Hanna Elias? Das ist ja unmöglich. Hast du sie angeredet?

LUCIE. Nein. Ich war so verdutzt, ich hätte kein Wort hervorgebracht. Und außerdem war ich auch nicht ganz sicher. Es ist in dem Gange nicht hell genug.

MÄURER. Deshalb wirst du dich auch wahrscheinlich getäuscht haben; – das heißt –: Schilling hat eben jetzt hier ein kleines grünes Schirmchen entdeckt! – Sollte das Unheil doch in der Luft liegen? – Na, jedenfalls red ich mit ihr kein Wort.

LUCIE *hält noch immer die Klinke der Tür, die sie hinter sich zugezogen hat, fest:* Fragen wir doch mal Olfers, Ottfried!

MÄURER. Oder hole doch mal das Fremdenbuch! Ich sah vorhin schon den Olfers, der ja doch neugierig wie ein Rotschwanz ist, mit der fettigen Kladde um die Zimmertüren der Fremden herumschleichen.

Lucie eilt resolut in das Gastzimmer hinüber und ist sogleich mit dem Fremdenbuch wieder bei ihm.

LUCIE *hat das Fremdenbuch auf den Tisch gelegt, blättert hastig:* Also – –: Frau Hanna Elias! – Hier stehts.

MÄURER *er tritt heran, überzeugt sich, daß der Name wirklich dasteht, und Lucie und er blicken einander längere Zeit sprachlos an, dann sagt er:* Das ist doch tatsächlich ein – Aas, dieses Frauenzimmer!

LUCIE. Pst. Ottfried! Ich glaube, sie kommen schon.

MÄURER. Dann kriech ich durchs Fenster, liebes Kind. Ich kann diese blutleere Fratze nicht sehen. Diesen lemurischen Wechselbalg. Ich kriege das Grausen vor dieser Larve. Ich fürchte mich, wenn ich nachts unter einem Dache mit diesem Gespenste bin. Ich bin überzeugt, es springt ihr nachts eine weiße Maus oder was ähnliches aus dem offenen Mund und saugt sich einem im Schlaf an die Pulsader. Adieu: komm nur nach, ich kneife aus! – *Er steigt, während man die Stimmen von Hanna Elias und Schilling laut auf der Treppe hört, eilig zum Fenster hinaus.*

LUCIE. Ottfried, Ottfried! Sei doch nicht unsinnig. –

Sie ist allein und wird von lautlosem Lachen geschüttelt. Nachdem sie ein wenig die Fassung gewonnen hat, horcht sie an der Tür und wischt dann, diese aufstoßend, ebenfalls schnell hinaus.
Hanna Elias und Schilling kommen jetzt die Treppe herunter, dieser voran ins Zimmer, sie folgt.

SCHILLING *dessen Antlitz jäh von einer beängstigenden Blässe befallen ist:* Sie sind nicht mehr da. – Sie sind schon fort. – Wahrscheinlich schon an den Strand gegangen. – Wart, ich häng deine Jacke auf, oder ... willst du den Hut aufbehalten? – *Seine Bewegungen sind unsicher, seine Hände zittern vor Erregung. Er steckt den Kopf durchs Fenster hinaus und ruft:* Ottfried! Ottfried! Fräulein Lucie! – Nein! – Nun setz dich, Hanna. Das ist unsere separate Klause hier. Olfers hat sie uns eingeräumt, damit wir nicht immerfort von den Gemeinplätzen der anderen Gäste belästigt werden. So! – *Die Tür ist geschlossen, er schließt auch noch das Fenster.* Jetzt aber bitte ich dich, kläre mich auf.

HANNA *nur auf dem Rande eines Stuhles sitzend, die Arme ausgestreckt auf dem Tisch ruhen lassend, zerpflückt ein Papier:* Du bist nicht sehr froh, daß ich bei dir bin?!

SCHILLING. Ich bin zunächst mal überrascht, liebe Hanna. Das kann schlechterdings auch nicht anders sein, wie du zugeben wirst. Alles andere ist dabei Nebensache.

HANNA *wie vorher:* Ja, das sagst du –: für mich leider noch immer nicht.

SCHILLING. Hanna, du sollst mich nicht falsch verstehen. Natürlich freu ich mich, daß du da bist, aber sag mal selbst – erwarten konnt ich dich doch nach dem, was geschehen ist, nicht; und nun gar auf dieser entlegenen Insel. – *Er reißt plötzlich wieder das Fenster auf und ruft:* Ottfried! – Es war mir, als ob ich seinen Schritt hörte.

HANNA *wie vorher:* Das klang ja beinah wie ein Hilferuf!

SCHILLING. Mich beunruhigt nur, wenn sie nicht Bescheid wissen. Wir pflegen nämlich fast jeden Morgen in die Gegend des Leuchtturms hinaufzugehn, oder treffen uns an der Kirchhofmauer im Kloster, wo man einen umfassenden Ausblick hat. Ich will nur, daß sie nicht auf mich warten.

HANNA. Laß dich nicht stören, Gabriel, wenn du vielleicht eine Verabredung hast.

SCHILLING *gutmütig aufbrausend:* Wie? Was? Du spaßest wahrscheinlich, Hanna.

HANNA *nach längerem Stillschweigen:* Ja – um dir nun doch die Aufklärung einigermaßen zu geben, die ich dir vielleicht schuldig bin: wir wohnen zur Kur in Breege auf Insel Rügen drüben. Und zwar war ich letzten Freitag beim Arzt und er also hat uns dorthin geschickt – und da hörten wir auf dem Schiff ganz zufällig von Ottfried Mäurer, daß er auf Fischmeisters Oye ist. Und da ich schon in Berlin erfuhr, du bist mit Ottfried Mäurer zusammen, so wußt ich auch deinen Aufenthalt.

SCHILLING *mißtrauisch:* Der Arzt hat dich nach Breege geschickt?

HANNA. Ich hatte wieder drei Tage lang Bluthusten.

SCHILLING *nervös, als habe er selbst diesen Husten:* Menschenkind! Daß du nicht einmal gründlich Wandel schaffst! Es ist ja horrend, was du armes, schwaches Geschöpf mußt durchmachen. *Er hat impulsiv ihre Hand ergriffen. Leise macht sie sich los und nestelt ihren Hut vom Kopfe.*

HANNA. Und dabei kam ich eigentlich für den Arzt nicht einmal in Betracht. Ich hatte ihm gar nicht von mir gesprochen.

SCHILLING *streicht über das nun freigelegte Haar:* Und also von wem?

HANNA. Ach, es betraf nur, du weißt, meinen Kleinsten. Es betraf nur …

SCHILLING. Den kleinen Gabriel?

HANNA. Er kann sich noch immer nicht recht grade aufrichten.

SCHILLING *verfinstert sich plötzlich und geht mit düsterem und verbittertem Gesichtsausdruck auf und ab, nachdem er seine Hand von dem Scheitel Hannas genommen hat:* Liebe Hanna, ich habe die Welt nicht gemacht. Es tut mir leid: ich bin für die grausige Spaßhaftigkeit des Daseins nicht verantwortlich. Wenn ich könnte, so würd' ich den kleinen, erbärmlichen armen Schlucker von Jungen sofort gesund machen. Es ist mir unmöglich. Ich kann es nicht! – Ich habe Tage und Nächte gehabt … es geht nicht! – Hanna, ich kann nicht mehr! – Ich kann nur dem Fatum seinen Lauf lassen.

HANNA. Es ist gut, daß das Fatum ist!

SCHILLING. Wieso?

HANNA. Man kann auf das Fatum vieles abwälzen.

SCHILLING *schweigt, hält mit beiden Händen seine Schläfen und blickt, von Hanna, abgehetzt, verzweifelt, gegen die Zimmerdecke; so stehend, sagt er nach einer Weile:* Weshalb bist du gekommen, liebe Hanna?

HANNA *wie vorher, ruhig, aber mit bebender Stimme:* Weil ich nicht ohne dich sein kann, Lieb.

SCHILLING *aus gepeinigter Seele, wie unter einem neuen Peitschenschlag:* Das ist eine Lüge! Das glaub ich dir nicht!

HANNA *sehr ruhig, sehr bleich:* Wieso ist das eine Lüge, Liebling?

SCHILLING *nach einigem Stillschweigen, mit scheinbarer Festigkeit:* Hanna, dies alles liegt hinter mir. Ich bin soweit ... ich habe es hinter mich gebracht ... mit Gottes Hilfe nun überwunden. Ich habe es mit unendlicher Mühe, sag ich dir, endlich in den gehörigen Abstand von mir gebracht. Es ist nicht anders. Es ist zu Ende!

HANNA. Gut! *Sie erhebt sich.* Du bist gegen mich eingenommen durch irgendwen. Irgendjemand, den ich nicht fassen kann, hat mich in deine Ohren verleumdet. Gut! Ich werde dir aus dem Wege gehen. Obgleich ich nicht weiß, womit ich gefehlt habe. Aber, Liebling, ich bitte dich, sofern es dir irgend genehm sein sollte: nimm mir den marternden Schmerz der nagenden Grübelei aus der Brust; gewähre mir, wenn es sein kann, die eine letzte Gelegenheit, den Schandfleck von meinem Leibe zu waschen, der ihn in deiner Erinnerung sonst für ewig entstellen wird: Wie habe ich dich belogen, Liebling?

SCHILLING. Frage, wo du mich nicht belogen hast! Ich gebe ja zu, daß es für eine Frau, wie dich, für eine so geniale Frau nicht immer so absolut leicht ist, Lüge von Wahrheit zu unterscheiden. Aber laß das! Erpresse mir diese bittern Bekenntnisse nicht! – Es ist nicht schön, wenn die Leute abrücken; glaube mir, es war kein erhabener Moment, als mir der erste den Rücken kehrte – dann der zweite, der dritte, der vierte Schlaukopf im Künstlerklub. Das ist keine spaßhafte Überraschung, die einem da widerfahren ist! Aber Teufel, was wäre mir schließlich das!? Auch daß ihr beide, dein Herr Gemahl und du, mich in eure östliche Schmutzfinkenwirtschaft eingewickelt habt, in eure kaltblütig vorher abgekartete Trennungskomödie, ist es nicht! Eure Vorurteilslosigkeit ließ das erwarten. Was aber hernach deine wunderbare Liberalität gegen deine Landsleute dir tatsächlich noch möglich machte, das zu berühren fehlt mir der Handschuh auf der Hand.

HANNA. Verleumdung!

SCHILLING. Richtig! *Er zündet die ausgegangene Zigarre wieder an und sagt kalt, mit verändertem Ton:* Sag mal, Hanna, wann wirst du abreisen!

Ihn überkommt nun plötzlich eine auffallende Gleichgültigkeit. Er läßt sich auf das Sofa fallen, pafft, und scheint sich ausschließlich seiner Zigarre zu widmen. Hanna dagegen schreitet nun erregt im Zimmer umher.

HANNA. Dies ist, wie mir scheint, hier ein Gasthaus für jedermann, der die Zeche nicht schuldig bleibt! – Ich werde reisen, wann mir's beliebt. – Ich werde keinesfalls vor dem morgenden Tage abreisen! – Schon deshalb nicht; ich habe eine Freundin aus Rußland mit und kann mich unmöglich lächerlich machen.

SCHILLING. Warum hast du die Freundin mitgebracht?

HANNA. Warum lebst du denn hier mit deinen Freunden? – Mir liegt nichts an ihr, ich brauche sie nicht. Nun also: Sie hat sich an mich gehangen, sie ist ohne Bekannte in Berlin; – sie ist eine harmlose kleine Person; und ich bin ein Weib, von allen verlassen. *Sie steht am Fenster und weint leise.*

SCHILLING *nach längerem Stillschweigen, leise:* Ich rate dir, wieder zu deinem Mann zu gehn.

HANNA *fährt auf, mit leidenschaftlicher Heftigkeit:* Nie! Niemals! Warum sagst du das, Gabriel? Wo du doch weißt, wie bis ins Herz hinein mich das kränkt. Ich habe nichts mehr mit ihm zu tun. Ich werde mit meinem Kind trockenes Brot essen, aber niemals werd ich auch nur einen Pfennig bei ihm erbitten gehn. Viel lieber selbst nach Odessa zurück und von dort mit dem Kinde im Arm nach Sibirien.

SCHILLING *erhebt sich, seufzt tief und geht umher.*

HANNA. Ihr quält eine Frau, das vermag nur der Deutsche!

SCHILLING. Gut, Hanna, nehmen wir das mal an! – Jetzt sei so gut, Hanna, beruhige dich! Ja? Laß deinen bewährten Verstand mal aufleuchten! – Laß mich! Verfolge mich einige Wochen, einige Monate lang nicht! Die Sache ist die: ich bin nicht mehr ich! Mein ganzes Wesen, meine ganze ursprüngliche Art zu sein, ist durch das Leben mit dir umgebildet; glaube mir, daß ich mir selber entfremdet bin. Ich bin alledem entrückt und entfremdet worden, womit und wozu ich geboren bin, und wodurch ich allein existiere und wachse. Das hab ich verloren, das suche ich nun. Und dazu muß ich allein sein,

Hanna. Ich muß mich besinnen, ich muß blindlings fast wieder zum Kinde werden! Erst wieder neu gehen lernen, genau wie ein Kind!

HANNA. O, ich weiß wohl; ich kenne die ganze Intrige. Ich kenne den Mann, der ihr Urheber ist. – Er hat mich gemieden von Anfang an; schon als du uns das erstemal vorstelltest, wußte ich gleich, er ist mein Feind. – Nun, ich verlange von ihm nicht Gerechtigkeit – aber wenn er behauptet, und wenn er sagt, er wolle dein Bestes mehr als ich ... wenn Ottfried Mäurer das sagen will, Gabriel, so achte ich diese niedrige Lügen auch nur im allergeringsten nicht!

SCHILLING *preßt ihr Handgelenk, wird von einer anderen Empfindung mehr und mehr überwältigt:* Verstehe! Begreife, geliebte Hanna! Ich möchte schreien ... ich möchte dir klar machen ...

HANNA. Und ich wünschte, ich wäre weit fort von hier!

SCHILLING *in heißer Umarmung:* Bleib! Bleib! Verzeih mir, geliebte Hanna!

Dritter Akt

Zwischen zwei Sandhügeln zieht sich ein breiter Feldweg nach dem Hintergrunde zu, zwischen anderen Hügeln, gegen das Meer hin verschwindend. In dem Winkel, den die ferneren Hügel bilden, steht die See als tiefblaue Wand. Darüber das hellere Blau des wolkenlosen Himmels. Rechts vom Wege, im Vordergrund, liegt ein wenig höher hinauf ein Kirchhof; ein Teil seiner niedrigen Umfassungsmauer ist sichtbar, über die Mauer ragt ein altes Kruzifix. Ziemlich weit vorn steht, in die Mauer eingebaut, die kleine alte, mit Schindeln bedeckte Leichenhalle. Außer einem zerzausten Hollunderstrauch an der oberen Ecke, außerhalb der Mauer, zeigt sich keine Vegetation. Nahe bei diesem Hollunderstrauch ist aus vier Pfählen und einem Brett vor Jahren eine Bank errichtet worden, die stark verwittert, noch steht. Links vom Wege liegt ein imposantes, aber stark verfallenes Mauerwerk, Reste eines alten Klosters. Das besterhaltene Stück ist ein Torbogen aus braun-rötlichen Ziegelsteinen. Einige sehr alte Pappeln und Eschen erheben sich dahinter. Etwas romantisch Düsteres liegt über diesem Gebiet.

Nicht mehr als zwei Stunden sind vergangen seit den Geschehnissen im zweiten Akt.

Lucie liegt unweit der kleinen Bank lesend im Thymian. Mäurer kommt vom Meer her den Weg hervor und zu ihr.

MÄURER. Bravo! Du bist noch allein, Schusterchen. Puh! Ich fürchtete, es würde womöglich um dich her schon russisch gesprochen. Eine verfluchte Geschichte ist das!

LUCIE. Ich glaube, der arme Schilling mit seinen Damen kommt nicht, er fürchtet sich.

MÄURER. Wie kann man um Gottes willen ein Weib so wenig im Kusch halten, daß sie einem wie eine Bracke überall auf der Fährte liegt! Die ganze Insel ist mir verleidet. Sie hat längst, kannst du mir glauben, die Witterung, daß wir mit Schilling etwas vorhaben. Das muß sie durchkreuzen. Davon hält sie kein Anstandsgefühl und nichts in der Welt überhaupt zurück. – Aber sie kann ganz sicher sein, ich habe mir das jetzt auf meinem Gange alles durchüberlegt – sie hat in mir einen zum letzten entschlossenen Gegner gefunden. Diese Beute jag ich ihr ab.

LUCIE. Vielleicht steht es gar nicht so schlimm, wie du denkst, Ottfried, und Schilling hat Energie genug für sich allein.

MÄURER. Sobald sich's um Energie handelt, trau ich ihm nicht. Nein! Besonders jetzt nicht. Da dürfte doch ein sehr entschiedenes Nachhelfen unbedingt nötig sein; daran soll es nicht fehlen, ich werde schon nachhelfen. Aber, ob es gegenüber ihrer überlegenen weiblichen Strategie und ihrem Arsenal gegenüber was nützen kann, weiß ich nicht.

LUCIE *lacht:* Du wirst sie mir schließlich noch ganz interessant machen.

MÄURER. Daß sie interessant ist, leugne ich nicht. Ich muß sogar manchmal an Goya denken. Ich kann mir ohne Schwierigkeit vorstellen, daß sie dort oben *er weist auf den Kirchhof* hinter der Mauer zu Hause ist, in Gräbern haust und in Ewigkeiten verurteilt sein könnte, sich durch heißgesogenes Männerblut für ein grausiges Scheindasein aufzuwärmen.

LUCIE *lachend:* Wenn das wahr wäre, müßte man ihr verzeihn.

MÄURER. Durchaus nicht. Ich hätschele keine Gespenster.

LUCIE. Wenn ich dir nun aber sage, Ottfried: ich weiß nicht, wieso mir hier alles gespenstisch ist; das Meer am Tage, das ununterbrochene Wuchten und Brausen der Brandung die ganze Nacht! Die Sterne, die Milchstraße ist mir gespenstig! Und ich freue mich, daß alles hier so gespenstig ist! Deshalb lieg ich auch hier an der Mauer so gerne.

MÄURER. Ich kann dir eine andre Empfindung zugeben, die den meisten Menschen abhanden gekommen ist: das klare Gefühl, das sich hier ununterbrochen meldet, daß hinter dieser sichtbaren Welt eine andre verborgen ist. Nahe mitunter, bis zum Anklopfen. Dieses Gefühl soll dir, wenn du das meinst, erlaubt sein, Schusterchen. Im übrigen aber bin ich für dich verantwortlich, und ich habe eigentlich, als ich dich mit hierher nahm, nicht den Gedanken gehabt, dich in trübe Vorstellungskreise zurückzuverwickeln.

LUCIE. Du meinst, daß mir das Träumen von Mutter was Trübes ist?

MÄURER. Mit offenen Augen soll man nicht träumen; am hellichten Tage träumt man nicht. Ich habe selbst die Erfahrung gemacht, daß alle diese Gespenster Blut trinken. Und das auf die Dauer auszuhalten, haben wir alle nicht Blut genug.

LUCIE. Du irrst dich, wenn du meinst, daß mir der eigentümliche Zustand, dem ich so gern hier nachhänge, schädlich ist. Er wirkt angenehm; er ist mir wohltätig. Es ist ungefähr so, als wenn jemand durch eine Tür in unbekannte Räumlichkeiten gegangen ist, und während die Tür sich öffnet und schließt, folgt man ihm mit dem Blick und der Seele ein Stück ins Unbekannte hinein.

MÄURER. Ich weiß, wie sehr dieser Zustand verlockend ist ... dieser Zwischenzustand, könnte man sagen, wo das Schemenhafte sich überall ins reale Leben mischt; wo man mit einem Fuß auf der Erde steht und mit dem andern im Übersinnlichen. Und doch schaudert der Mensch vor dem Eindruck von Todesfällen und den damit verknüpften aufwühlenden Folgezuständen ganz vernünftigerweise zurück.

LUCIE. Es ist mir heiter, es ist mir nicht aufwühlend. Ich wiege mich einfach in dem bestimmten Bewußtsein, daß ich mit Mutter verbunden bin. – Es hat außerdem alles um mich etwas eigentümlich Interimistisches. Ich weiß nicht, ich glaube nicht, daß das alles: das Rauschen, das Licht, das Lerchengetriller endgültig ist.

MÄURER *legt den Arm um Lucie:* Aber hoffentlich sind wir beide endgültig.

LUCIE. Meinst du, Liebster? Ich weiß es nicht! *Er küßt sie inbrünstig.*

MÄURER. Dich nehm ich in alle Ewigkeit über alle Fixsterne und Planeten des Weltalls mit.

LUCIE. Wirklich?

MÄURER. Was hast du denn eigentlich, Lucie?

LUCIE. Nichts. *Sie sieht ihn mit großen, feuchten Augen grade an:* Ich denke nur manchmal – man sieht es zum Beispiel auch in der Sache mit Schilling – daß wenn bei dir Liebe und Kunst in Konflikt kommen, daß dir dann die Kunst das vor allem Wichtige ist.

MÄURER. Ja, aber bei uns gehen sie Hand in Hand, kleines Liebchen.

LUCIE. Hat diese Hanna nicht vor zwei Jahren noch einen Sohn gehabt?

MÄURER. Sie behauptet sogar von Schilling.

LUCIE. Nun, und?

MÄURER. Jawohl, es kann ganz gut möglich sein. Es ist ein entzückender blonder Strunk; nur leider, wie's scheint, nicht recht lebensfähig.

LUCIE. Na, und Schilling?

MÄURER *zuckt mit den Achseln:* Er hat mir die Photographie gezeigt. – Das Schicksal eines Kindes, Lucie, ist während der ersten Jahre die Mutter. Sie vernachlässigt es, weil sie lieber Tee trinkt und in Wiener Cafés mit verlumpten Studenten kannegießert. Wenn sie es braucht gegen Schilling, denkt sie daran. Ich wundre mich überhaupt, daß sie diesmal auf den Effekt, mit dem Kindchen im Arm als verlassene Mutter aufzutreten, verzichtet hat.

LUCIE. Eigentlich bist du sehr hart – doch ich hab dich lieb, Ottfried.

MÄURER *lacht:* Dafür bin ich dann auch ein Dauerspielzeug. – Oder ist es nicht wahr, daß ihr, wie Kinder, was ihr liebt, am liebsten zunichte macht?

LUCIE. Pst, Ottfried! Sie kommen. Wir wollen ihnen um Schillings willen entgegengehn.

MÄURER. Ungern, äußerst ungern, Schusterchen.

Auf dem Wege im Hintergrunde tauchen Köpfe auf. Schilling, Hanna Elias und Fräulein Majakin. Lucie ist elastisch aufgesprungen, Mäurer erhebt sich langsam und widerwillig, geht aber, nachdem er sich abgeklopft hat, mit Lucie den Ankommenden entgegen.

SCHILLINGS STIMME. Ku u i!

Mäurer antwortet nicht im Weiterschreiten. Im Hintergrund findet dann die Begegnung statt. Von der Begrüßung sieht man die Verbeugungen und hört undeutliche Stimmen. Wiederum fliegt eine Möve von links hinten nach rechts vorn durch das Dünental über den Kirchhof. Nach einiger Zeit lösen sich Mäurer und Fräulein Majakin aus der Gruppe und kommen nach vorn. Die übrigen bewegen sich in der Ferne die Hügel links hinauf, stehen einige Zeit in den Anblick des Meeres versunken und verschwinden dann aus dem Gesichtskreis.

MÄURER. Sie kennen Frau Hanna Elias schon lange?

FRÄULEIN MAJAKIN *langsam und überlegt redend, in der Aussprache die Russin verratend:* Oh nein! Ich kenne sie erst seit kurze Zeit. Wir trafen zusammen auf eine Sitzung in Berlin dieses Frühjahr von die letztverwichene große, internationale Frauenkongreß. Mein Vater ist Arzt, meine Mutter ist tot. Ich reise schon seit vier Jahren mit meinem Papa in Europa umher. Er hat seine ... wie man sagt? Praxis? – er hat seine Praxis aufgegeben.

MÄURER. Ich war der Meinung, Ihre Bekanntschaft mit Frau Hanna datiere sich schon von Rußland her.

FRÄULEIN MAJAKIN. Oh nein! Wie gesagt, erst seit kurze Zeit. Aber ich bewundre sehr Frau Hanna, ich verehre ihr sehr, ich liebe ihr sehr. Ich finde, sie ist eine Frau von Bedeutung, sehr überraschend, sehr wunderbar interessant und klug.

MÄURER. Worin sehen Sie ihre Bedeutung, mein Fräulein?

FRÄULEIN MAJAKIN. Ich liebe nicht Frauen, die Sklavinnen sind, und die sich ihr Recht am Dasein verkümmern lassen. Ich verehre ihr sehr, ich verdanke sie viel. Ich kann beinah sagen, sie hat mir zu eine neue Religion ... zu die Religion von Schönheit verholfen.

MÄURER. Haben Sie denn in Rußland nicht solche Frauen massenhaft?

FRÄULEIN MAJAKIN. Nein. Wir haben Frauen, sie sprechen den ganzen Tag von die Politik und gar nicht von Kunst. Sie sind oberflächlich. Man sieht selten sie fasziniert von Kunst. Und es ist sehr schön zu bemerken, wie sehr fasziniert von die große Kunst von Professor Schilling Frau Hanna ist.

MÄURER *mit einem sardonischen Lächeln, das liebenswürdig sein soll:* Tja! Das ist sehr hübsch, was soll man da sagen? – Und Sie haben nun also die Religion von Frau Hanna auch in sich aufgenommen? Was?

FRÄULEIN MAJAKIN. Nun, ich bin leider noch jung und sehr ungelehrt. Ich kann mir natürlich nur wenig von ihre Verständnis anmaßen. Sie müssen mit mir, wenn ich bitten darf, nachsichtig sein. Aber ich habe sogleich in die Nationalgalerie begriffen, daß Professor Schilling ein großer Künstler ist.

MÄURER. Wo haben Sie das begriffen, mein Fräulein?

FRÄULEIN MAJAKIN. In das Museum zu Berlin, wo mir Frau Hanna so freundlich war und hat mir vor die berühmte Werke von Professor Schilling geführt.

MÄURER. Ich glaube, wenn Sie das mal dem guten Schilling sagen, daß er Professor ist und Werke in der Nationalgalerie hat, würden Sie ihm einen diebischen Spaß machen.

FRÄULEIN MAJAKIN. Wie sagen Sie?

MÄURER. Nichts. Es war weiter nichts.

FRÄULEIN MAJAKIN. Es ist schade um diesen bedeutenden Menschen.

MÄURER *nachdem er sie verdutzt eine Weile von der Seite angesehen hat:* Das stimmt vielleicht. Ich hoffe indes, daß es noch nicht zu spät mit ihm ist. Woher kommt Ihnen aber die Einsicht, mein Fräulein?

FRÄULEIN MAJAKIN. Oh, es ist nicht so schwer, in seine fieberhaft peinvolle Augen zu lesen und in die Linie von sein schweres Leiden in seine schönen, verfallenen Gesicht.

MÄURER *beinah erschrocken:* Meinen Sie, daß er körperlich leidend ist?

FRÄULEIN MAJAKIN. Von seine psychische Leiden spreche ich begreiflicherweise nicht.

MÄURER. Nun, es macht mir eigentlich jedesmal Spaß, wenn Leute über Schilling erschrecken. Es geschieht nämlich meistens, wenn sie ihn sehen, beim erstenmal. Schon vor achtzehn Jahren sah Schilling so aus. Er selbst pflegt immer den Witz zu machen, man könne durch dunkle Ringe um beide Augen die Welt viel genauer und gründlicher sehn.

FRÄULEIN MAJAKIN *ohne darauf einzugehen:* Denken Sie, ich habe mir nach die Radierungen, die ich sehr liebe, in die Kupferstichkabinette zu Petersburg von Ihre Person, Herr Professor, auch eine solche Idee gemacht.

MÄURER. Wieso? Sie kennen meine Radierungen?

FRÄULEIN MAJAKIN. Oh, ich habe sie schon im zwölften, dreizehnten Jahr durch meinen Papa in die russischen Sammlungen kennen gelernt.

MÄURER. Wenn Sie einen solchen Papa haben, brauchen Sie doch eine Hanna Elias nicht!

FRÄULEIN MAJAKIN. Ich habe gedacht an eine lange, bleiche Gestalt mit kohlschwarze Augen und dünne Lippen, an einen Mensch, der vor die viele große und furchtbare Visionen wie von eine Fieber ausgehöhlt und gefoltert ist. Und nun sehe ich eine gesunde Gelehrten.

MÄURER *zuckt mit den Achseln, lacht:* Ja, so geht's einem, Fräulein, wie das so ist. Man muß nie den unverzeihlichen Fehler begehn, seinen Idealen zu nah auf den Leib zu rücken.

Sie sind während der Unterhaltung, zuweilen stehend bleibend, zuweilen schreitend, zu der kleinen Bank an der Mauer gelangt.

MÄURER. Aber, bitte, wenden Sie nun Ihren Blick von dem unschuldigen Gegenstand Ihrer Enttäuschung einmal ab und betrachten Sie unsre wundervolle Umgebung.

FRÄULEIN MAJAKIN. Sie lieben, scheint es, über alles die Einsamkeit.

MÄURER *lustig erregt:* Ich bin ein Gott, wenn ich sechs bis acht Stunden täglich ausschließlich mir überlassen bin. Ein Tag in Gesellschaft macht mich zu jenem geschlagenen, ausgeplünderten, armen Mann, der von Jerusalem nach Jericho zog und unter die Mörder fiel.

FRÄULEIN MAJAKIN. Oh, ich liebe Gesellschaft, ich liebe die Menschen!

MÄURER. Und also gefällt Ihnen höchst wahrscheinlich unsre Insel, wo es keine Wiener Cafés, keine Konzerte und keine Theater gibt, nicht?

FRÄULEIN MAJAKIN. Oh nein, ich begreife wohl, wie dies alles von eine beängstigend kalte Größe und Schönheit ist. Nur ich leide in solche Umgebung an eine schwere Empfindung von die eigne Geringfügigkeit und Verlassenheit. Dagegen ich liebe, wie eine Gott: der Mensch! Mir sagen nichts diese tote Sandhügel, wo nichts auf die Schrei meines Herzens hört. Ich bin für ihr nicht, und sie sind für mir nicht, und nur der Mensch ist dem Menschen Gott, Himmel, Welt, Heimat und Zufluchtsort. Ich kann in die tote Natur keine Sinn bringen.

MÄURER *verdutzt:* Wie alt sind Sie denn, Fräulein Majakin?

FRÄULEIN MAJAKIN. Ich bin vor drei Tagen siebzehn geworden.

MÄURER. Da gratulier ich nachträglich noch!

Lucie kommt in ihrer temperamentvollen Art über die Dünen nach vorn.

LUCIE. Du läßt uns ja auf hinterlistige Weise im Stich, lieber Ottfried!

MÄURER *kühl:* Wieso?

LUCIE. Ich störe doch nicht hier ebenfalls?

MÄURER *kurz trocken:* Wieso ebenfalls? – Keineswegs doch, Lucie.

Lucie stutzt, lacht und nimmt mit einigem Abstand auf der Erde Platz. Sie zupft Halme aus und kaut sie, zugleich Mäurer und Fräulein Majakin unauffällig beobachtend.

LUCIE. Dein schnelles Abbiegen hat, glaub ich, den guten Schilling etwas gekränkt, Ottfried.

MÄURER *antwortet Lucien durch einen Blick über die Augengläser, wobei er erstaunt und mit Mißbilligung ihrer Indiskretion den Kopf schüttelt, schließlich wendet er sich mit Achselzucken von ihr ab und zu Fräulein Majakin:* Wovon sprachen wir doch, Fräulein Majakin?

FRÄULEIN MAJAKIN. Oh, verzeihen Sie, Herr Professor, was mögen dies wohl für alte Ruinen sein?

MÄURER. Es sind Reste von einem Kloster einer alten, ehemaligen Franziskaneransiedlung. Hier hausten die grauen Mönche von Stralsund. Man findet noch alte Kellergewölbe, und ich weiß bestimmt, wer an Geister glaubt, der kann die Fratres und Patres noch sehen nachts ihre Messe zelebrieren und Umzug halten.

LUCIE. Kannst du mir eigentlich sagen, Ottfried, ob dort nach Westen zu in der See noch andre Inseln sind?

MÄURER. Nein.

LUCIE. Ich höre den ganzen Tag, und zwar ununterbrochen, Glocken-läuten.

MÄURER. Ich auch. Es kann eine Glockenboje, aber noch wahrschein-licher absolute Gehörstäuschung sein.

FRÄULEIN MAJAKIN. Ich zweifle fast an die Wirklichkeit, wenn ich denke, daß mich der glühende Wunsch von meine unreife Mädchen-jahre, Sie zu sehen, nun auf diese unbekannte, einsame Insel, in diese fremde, sonderbare Umgebung auf einmal ganz wunderbar erfüllt worden ist. *Sie blickt auf ihre Hände, die etwas zerpflücken.*

Schilling und Hanna Elias erscheinen im Hintergrund.

SCHILLING *mit faxenhaften Gebärden, schreiend:* Ahoi! – Kuckuck! Ahoi, Kuckuck!

MÄURER *nervös beunruhigt:* Beinahe möchte ich gegen Sie ehrlich sein. Ich stimme nicht … ich weiß nicht, woran es liegt … ich sympathi-siere mit Ihrer Freundin Hanna Elias nicht. Ich gerate in einen, wir Deutsche nennen das rappligen Zustand. Ich bin ungerecht, es reizt mich an dieser Persönlichkeit jede Miene, jede Bewegung, jedes Wort. Wenn es Ihnen recht ist und Sie meine Gesellschaft nicht lästig finden, so könnten wir ihnen vielleicht noch für einige Zeit, um die Kirchhof-mauer herum, aus dem Wege gehn.

LUCIE *mit Entschlossenheit:* Damit würdest du Schilling bitter beleidigen!

SCHILLING *wie vorher, etwas näher:* Ahoi, Kuckuck!

Der Kuckucksruf, den Schilling laut und ziemlich getreu nachmacht, wird vom Echo, aus der Gegend des Kirchhofs, jedesmal stark und deutlich wiederholt.

MÄURER *zuckt mit den Achseln, wird vor Ärger rot und sagt scheinbar gleichgültig:* Wo werden Sie denn im kommenden Winter sein, Fräu-lein Majakin?

FRÄULEIN MAJAKIN. In Berlin. Mein Vater gedenkt bis zu Ende März in die dortige Bibliothek zu arbeiten.

SCHILLING *noch näher:* Kuckuck! – *Echo: Kuckuck!* – Ahoi! – *Echo: Ahoi!* Hört ihr den Kuckuck, Kinder?

MÄURER *ruft dagegen:* Im Herbst einen Kuckuck? Botanik schwach!

SCHILLING *äußerlich übertrieben forsch, in heimlich bettelnder Verlegenheit:* Ehrenwort, Ottfried! Kannst du nicht hören?

LUCIE *zu Ottfried:* Du kannst dich auch überzeugen, daß unter den toten Vögeln, die nachts an den Scheiben des Leuchtfeuers zugrunde gehn, und die um den Leuchtturm unten herum liegen, auch der Kuckuck ist.

SCHILLING *wie vorher:* Kuckuck! – *Echo: Kuckuck* – Kuckuck! – *Echo: Kuckuck.*

MÄURER. Du bist ja recht spaßhaft aufgelegt.

SCHILLING. Ihr lacht, weil ihr nicht wißt, wer da eigentlich antwortet.

MÄURER. Na, ich denke ein Kuckuck!

SCHILLING. Ja Kuchen, Ottfried! Das ist der spaßhafte Anton mit der Sense, der hinter der Leichenhalle sitzt! – Hört ihr ihn denn nicht dengeln, Kinder? *Man hört das Geräusch eines Dengelnden.* Kuckuck! – *Echo: Kuckuck! lauter, als vorher. Die Gesellschaft bricht in krampfhaftes Lachen aus.* Wer hat gute Augen von den Herrschaften? Der lese mal, was hinten auf dem Spritzenhaus, oder wollte sagen auf der Totenkapelle, geschrieben steht!

LUCIE *liest langsam und laut:* »Der Tod ist verschlungen in den Sieg. Tod, wo ist dein Stachel? Hölle, wo ist dein Sieg? Erster Corinther fünfundfünfzig.«

SCHILLING *mit theatralischer Geste und Wildheit:* Kuckuck! – *Echo: Kuckuck!* – Kuckuck – *Echo* – Kuckuck – *Echo.*

MÄURER. Nanu hör aber mal auf mit dem gruseligen Unsinn. *Schilling ist mit Hanna Elias, die sehr bleich ist, herangekommen.*

SCHILLING *krampfhaft unbefangen:* Ich gestatte mir, vorzustellen: Ottfried Mäurer, Frau Hanna Elias, langjährige, brave Freundin meinerseits. Ein Königreich für ein Glas Pilsener Bier, meine Herrschaften.

MÄURER. Wieder verschwitzt – Donnerwetter noch mal! Gleich, wenn wir zu Hause kommen, wird nach Stralsund telegraphiert, und morgen hast du ein ganzes Faß davon.

HANNA *laut zu Fräulein Majakin:* Er war schrecklich niedergedrückt, wie er sagt, und nun ist ihm die heitere Laune wiedergekommen.

SCHILLING *mit ironischer Begeisterung:* Das ist die unendliche Freude, Freude, Freude, mein liebes Kind!

HANNA *finster:* Oh, ich nehme nicht an, daß etwa nur ich die einzige Ursache deiner Freude bin. Dennoch fühl ich sehr wohl, wie wichtig es war, hierher zu kommen.

SCHILLING *mit ironischem Pathos:* Ich danke, du opferfreudiges Weib.

MÄURER. Vielleicht interessiert es Sie, Fräulein Majakin, einen Blick auf die ärmlichen, namenlosen Gräber zu tun.

SCHILLING. Willst du dich wieder drücken, Ottfried?

MÄURER. Mich drücken? Wieso? Ich verstehe dich nicht.

SCHILLING. Weil dir vielleicht die Gesellschaft eines Künstlers, der nicht so viel solides Sitzfleisch hat wie du, störend ist.

MÄURER *schneidend:* Ich stehe bei meiner Arbeit meistens. – Wir kommen gleich wieder; ich zeige der Dame nur mal einige der eigentümlichen Inschriften, die auf dem Kirchhof sind.

SCHILLING. Ein toter Heuschreck hopst nicht mehr.

MÄURER. Wie meinst du?

SCHILLING. Das wäre auch so 'ne nette Inschrift. Dort oben liegen nämlich Leute, die ohne zu wissen wie auf diese Insel gekommen sind.

MÄURER. Jawohl, es sind gestrandete Seeleute.

SCHILLING. Sie sind sonst ziemlich mit heiler Haut, die Füße voran, hier angelangt. Nur mit etwas durchnäßten Unterhosen. Aber die trocknen schon wieder mit der Zeit. Manche ohne Hut, einige sogar ohne Strümpfe. Einem wackren Seemanne macht das nichts! Man kann ja pumpen, pumpen, pumpen sein Leben lang.

MÄURER. Wenn das deine neuerworbene gute Laune sein soll, lieber Schilling, dann wünsch ich mir wirklich deine sogenannte schlechte Stimmung von heute morgen zurück! – Entschuldige uns einen Augenblick.

Mäurer entfernt sich mit Fräulein Majakin, und man sieht ihn durch eine kleine Gitterpforte den Kirchhof betreten. Schilling blickt ihnen nach, zuckt die Achseln, lacht kurz in sich hinein, nimmt auf der Bank Platz und zieht Hanna neben sich, mit dem Blick immer noch das Paar auf dem Kirchhof verfolgend. Alsdann fährt er schnell herum und sieht mit einem verlorenen Lächeln Lucie an, die noch ruhig im Sande liegt.

SCHILLING. Ja ja, so geht's in der Welt, Fräulein Lucie.

LUCIE *antwortet, in dem sie Thymian in der Handfläche reibt, mit Bedeutung:* Der Mensch denkt, und der Kutscher lenkt.

HANNA. Gott sei Dank, ich habe es schon auf der Züricher Universität verlernt, mir von Männern, die unhöflich sind, imponieren zu lassen.

SCHILLING. Und auch Leute, die auf ihren Erfolgen, wie auf Stelzen gehn, imponieren mir nicht.

LUCIE. Das kommt Ihnen nicht aus dem Herzen, Schilling. – *Sie erhebt sich:* – Übrigens, Schilling, wenn Ottfried wiederkommt, und er etwa mich, was ich nicht glaube, vermissen sollte, sagen Sie, bitte, ich wäre zuhaus.

SCHILLING *mit Beziehung auf Fräulein Majakin, Luciens Worte wiederholend:* Der Mensch denkt, und der Kutscher lenkt! Es ist kein Verlaß in solchen Sachen. Die Überraschungen hören nicht auf. – *Mit Augenzwinkern:* – Wollen wir mal schlau nach dem Rechten sehn?

Schilling hat sich erhoben und schleicht mit komischer Vorsicht, als ob er Mäurer und Majakin belauschen wollte, gegen die Kirchhofmauer, die er erklettert.

LUCIE *unwillkürlich lachend:* Fallen Sie bloß nicht da runter, Schilling!

SCHILLING. Und besonders nicht nach innen hinein!

LUCIE. Nein; lieber, wenn's geht, noch mal nach außen.

Schilling tut einen absichtlich komischen Fall von der Mauer nach außen. Lucie läuft lachend davon und verschwindet. Schilling steht da und putzt sich die Kleider ab.

HANNA. Gabriel, hast du dir weh getan?

SCHILLING. Keine Spur! Ich glaube, ich rutschte freiwillig runter. – (Sie an sich ziehend, heiß, ihr ins Ohr): – Woll'n wir nochmal in die Dünen gehn? – Bernstein suchen, mein ich natürlich.

HANNA *bleich und erregt:* Tu alles nach deinem Belieben mit mir.

SCHILLING. Komisch, die wilden Schwäne, die über uns hinleierten! Bist du erschrocken?

HANNA. Ein wenig!

SCHILLING. Ich nicht. Meinethalben könnten es Viecher mit Klauen gewesen sein, ich hätte dich doch nicht losgelassen! Du Schwarze, du Schneekühle, du Braut von Korinth! – *Er stutzt.* Siehst du Mäurer?

HANNA. Gott sei Dank, nein, ich sehe ihn nicht.

SCHILLING *schadenfroh, geheimnisvoll:* Er hat auf die Majakin angebissen.

HANNA. Nun, weder als Künstler, noch auch als Mensch, ich bewundere ihn nicht. Er kann nur wehrlose Frauen beleidigen.

SCHILLING *mit spaßhafter Entrüstung:* Ja, es ist wahr, Hanna; soll ich ihn fordern?

HANNA. Du scherzest; ich weiß. Du sollst es nicht tun und tust es auch nicht.

SCHILLING. Durst. *Er läßt sich auf die Erde nieder, mit dem Munde über eine Lache, und trinkt.* – Oh, schmeckst du prächtig! – *Er gewahrt sein Spiegelbild in der Lache und erschrickt:* – Kruzitürken, bin denn das ich?!

HANNA. Du trinkst doch aus dieser grünlichen Lache nicht?!

Eine Krähe schreit.

SCHILLING. Verfluchte Krähe! Willst du dein Maul halten! – Komm mal her. Hanna, sieh mich mal an – –? Wie seh ich aus?

HANNA. Ganz wie immer, Liebster!

SCHILLING. Na, alsdann! Wozu soll ich nach Griechenland? – *Er ist aufgestanden und starrt bewegungslos gegen das Meer hin.*

HANNA *vermag ihre heimliche Beängstigung durch seinen eigentümlichen Zustand nicht mehr zu verbergen:* ... Und wenn du mir diesen Augenblick die Weisung geben willst, Gabriel: reise ab, in derselben Stunde will ich noch abreisen. Befiehl mir! Ich weiß, daß du von diesem kalten, herzlosen Menschen abhängig bist. Ich will deine Hand küssen und will abreisen. Ich sehe wohl ein ... ich will nicht, daß du gepeinigt bist.

SCHILLING. Horch mal, die See rauscht bis hier herauf. – *Er horcht, erhebt plötzlich aus starrer Versonnenheit ekstatisch die Arme, als ob er eine überirdische Vision sähe:* Oh! Oh!! Oh!!! Oh!!!! Das Element! Das Element! *Wie geblendet von einem überirdischen Glanz, in den er sich auflösen möchte, beginnt er zu wanken.*

HANNA. Um Himmels willen, was ist dir denn, Gabriel?

SCHILLING. Nichts! Gar nichts! Ruhn! Müde! Nur ausruhn, Liebchen!

Er hängt schwer in Hannas Armen, die ihn zur Erde niedergleiten läßt.

HANNA. Gabriel! Gabriel! Gabriel!

Vierter Akt

Ein Zimmer im ersten Stock des Saalbaues von Klas Olfers Gasthaus; weiß getüncht mit zwei Fenstern in der Hinterwand. Der Blick durch diese Fenster geht frei auf die See, die wiederum wie eine blaue Wand die Rahmen so weit ausfüllt, daß nur ein kleines Stück Himmel oben sichtbar ist. Wiederum ist ein strahlend heller Herbsttag. Je eine Tür links und rechts verbindet den Raum mit anderen Gastzimmern. Er hat links an der Wand die einfache helle Holzbettstelle mit Strohsack usw. und bunter Decke. Rechts ein kleines Sofa mit Tisch davor. Eine primitive Wascheinrichtung mit Spiegel, einen Kleiderschrank, darin Mäurer, der das Zimmer inne hat, seine Garderobe unterbringt. An einigen Kleiderhaken hängen Mäurers Hut, Wettermantel, Stock usw. Auf dem Tisch, der mit einer grünlichen Decke bedeckt ist, steht eine Wasserflasche und Gläser. In einer Zimmerecke befindet sich Mäurers geschlossener Reisekoffer. Lucie sitzt am Tisch und schreibt Briefe. Hanna Elias kommt leise aus der Tür links.

LUCIE. Schläft Schilling wieder?

HANNA. Jawohl, er schläft. Er ist eine Minute aufgewacht und hat gefragt noch Doktor Rasmussen. Wann kann Herr Rasmussen frühestens hier sein?

LUCIE. Mäurer hat gleich, noch bevor Schilling gestern den Wunsch äußerte … gleich nach dem Anfall telegraphiert.

HANNA. Und meinen Sie, daß er die weite Reise wird machen?

LUCIE. Aber ohne Zögern, ganz unbedingt.

HANNA *nimmt am Tisch Platz:* Er verlangt sehr dringend nach Doktor Rasmussen. – *Nach kurzem Stillschweigen fortfahrend:* Ich werde nicht vergessen den gestrigen Tag und die heutige Nacht, die ich auf dieser Insel verlebt habe.

LUCIE *abwechselnd zuhörend, schreibend oder über den Brief nachdenkend:* Das glaube ich wohl.

HANNA. Sie sehen, wie gut es war, Fräulein Lucie, daß ich gekommen bin.

LUCIE *verdutzt:* Das kann ich nicht recht verstehen, Frau Hanna.

HANNA. Ich habe gefühlt in der letzten Zeit, daß mit Schilling vorge-
gangen ist eine tiefe Veränderung. Das hab ich gewußt und das hat
mich beunruhigt.

LUCIE. Dann hätten Sie sich aber doch sagen sollen, daß es gut für ihn
wäre, mal für einige Zeit von seinen Sorgen befreit zu sein.

HANNA. Er ist so zerrüttet von die schreckliche Quälereien von seine
echt deutsche Ehefrau, daß er hundertmal zu mir gesagt hat: »Hanna,
nur wenn du bei mir bist, habe ich ein Gefühl von Geborgenheit.«
Es ist ein Verbrechen, was eine solche Frau an dem Manne begeht,
mit ihren Vorwürfe, ihre ewige Tränen und Anklagen, mit ihre täglichen Forderungen um Geld, wo er doch nicht, trotz aller Arbeit,
verdienen kann, und sie könnte mit ihrem Klavierunterricht viel
besser als er das Leben verdienen.

LUCIE. Mag sein, daß Frau Eveline nicht sehr besonders tatkräftig ist;
sie soll es ja früher, als sie von England zurück als Gouvernante kam,
reichlich gewesen sein.

HANNA. Ich habe diesen Mann im Elend gefunden, im Elend geliebt!
Weil er elend war, hab ich ihn geliebt. Ich wollte ihm helfen in seine
Verzweiflung. Ich nahm nie einen Pfennig Geld von ihm. Eher sucht
ich es, wo ich es finden konnte! Ich wollte ihn aus der Sorge reißen.
Ich wollte nicht, wie Eveline, durch ihn versorgt und erhalten sein.
Sie wirft auf den armen Schilling jede Verantwortung. Ich trage selbst
die Verantwortung. Ich weiß, seine Kunst ist viel zu gut! Und er kann
unmöglich damit viel Geld machen. Er braucht mich, ich bin ihm
unentbehrlich, ich teile mein letztes Stück Brot mit ihm.

LUCIE. – Ich würde mir jedenfalls niemals einreden können, daß irgendein Mensch nicht ohne mich existieren kann.

HANNA. Das ist bei Ihnen und Mäurer ein anderer Fall. *Lucie lacht
kurz und leicht auf.* Aber ich habe zu ihm gesagt: ich will deine Arbeit,
ich will dein Glück. Ich werde gehen und nicht wieder auftauchen,
wenn du mit deine Frau glücklicher bist. Ich dachte, er schläft auf
einer elenden Feldbettstelle in eine feuchten und eisigen Atelier. Soll
er lieber bei seine Frau schlafen, hab ich gesagt, wenn es gut für ihn
ist. Nun, er antwortet mir: nur das nicht! Er hat gestanden vor meine
Haustür, wo ich habe russische Herren gehabt zu Besuch in meine
Wohnung, bei achtzehn Grad Kälte stundenlang. Um elf Uhr ist er
fortgegangen darnach, weil ich nicht habe bemerkt, daß er da ist, und
ist nachts halb ein Uhr, wo alles still war, wiedergekehrt und hat mich

geweckt mit Steinchen am Fenster. So habe ich ihn glücklicherweise entdeckt.

LUCIE *trocken:* Da wird der gute Schilling wohl etwas verfroren gewesen sein.

HANNA. Er war halbtot, als er zu mir kam, und hat sich erst gegen Morgen erwärmt.

LUCIE. Hat er denn solche Anfälle, wie den gestrigen, schon früher gehabt?

HANNA. Ich weiß, seine Frau hat ihm aufgeregt. Sie hat ihm gedroht, sie wird sich töten, wenn er nicht aufgibt seine Liebe zu mir. Wie kann er denn diese Liebe aufgeben? Wo sie ihm doch der einzige Sinn seines Lebens ist, die Rettung von ihre Banalität. Soll er denn seine Kunst aufgeben, wo er sagt, daß seine Liebe zu mir von seine Kunst die innerste Seele ist?

LUCIE. Leider hat er in den letzten Jahren nichts mehr gearbeitet.

HANNA. Oh, er hat ein süßes Kinderporträt gemacht von meine kleinen Sohn Gabriel.

LUCIE. Wenn man aber bedenkt, daß in mehreren Jahren nur dieses Bildnis entstanden ist, so kann man doch wohl nicht anders sagen, als daß seine Kraft darniederliegt.

HANNA. Sie liegt durchaus nicht darnieder gänzlich. Er bewundert wie nichts in der Welt meine Akt. Nun, ich bin selber viele Monate krank gewesen und habe nicht können in seinem ungesunden und kalten Atelier und ohne Bekleidung stehn, und in eine sehr verbogene Stellung für seine Geburt der Venus, als Modell. Ich habe es aber mit Anstrengung meiner letzten Kräfte getan, bis ich bin von der Kiste, auf die ich stand, mit eine Ohnmacht zusammengebrochen.

LUCIE. Ich setze voraus, daß es an Ihrem guten Willen nicht liegt; das Resultat ist doch aber klar. Und Sie sollten doch verständigerweise die Absichten Mäurers unterstützen.

HANNA *steht auf:* Er sagt, daß Mäurer ihn deprimiert; er sagt mir, daß Mäurer ihn entmutigt.

LUCIE *lacht herzlich, mit einem Anflug von Bitterkeit:* Nun, was die Menschen alles Widersprechende durcheinander schwatzen, unter einen Hut zu bringen, verstehe ich nicht.

SCHILLINGS STIMME. Hanna!

HANNA. Sie sehen, er ruft mich, Fräulein Lucie. –

Sie geht zu Schilling hinein, ab.
Kaum, daß Hanna Elias verschwunden ist, als ziemlich geräuschvoll
Rasmussen eintritt. Er ist als Typus den Fischern der Insel verwandt.
Sein Scheitelhaar ist ergraut, der rötlich blonde Bart noch ohne weiße
Fäden. Seine Kleidung ist schlecht und recht. Sein Schuhwerk massiv.
Er hat eine Ledertasche umgehängt, einen Sommerpaletot überm
Arm, einen weichen schwarzen Hut in der Hand, in der Rechten
einen kräftigen Stock.

RASMUSSEN *mit einem großen Schritt über die Schwelle, laut:* Na, da bist du ja, Lucie; na, was gibt's? Was habt ihr denn wieder ausgefressen? Guten Tag! Wo ist denn Ottfried? Wie gehts euch denn?

LUCIE *beschwichtigend:* Pst! Stille! Schilling liegt nebenan.

RASMUSSEN. Pst! Ach so. Entschuldige, Lucie.

LUCIE *in halbem Humor:* Für einen Arzt, der nicht praktiziert, hast du eine ziemlich lebhafte Praxis, Rasmussen.

RASMUSSEN. Nächstens erheb ich Honorar. Ihr macht mir wirklich ein bißchen viel Umstände. Übrigens muß irgendein böser Stern in diesen Jahren über uns Freunden wirksam sein; vor noch nicht dreizehn Monaten habe ich meinen Vater verloren, letzten Dezember den Bruder, gleich darauf rieft ihr mich, und ich habe das nahe Ende deiner Mutter prognostiziert; dann liegt noch der Tod einer alten Wohltäterin dazwischen, und nun ist womöglich hier wieder was los. Übrigens kannst du mir glauben, daß die Reise mit Eveline keine angenehme Zugabe gewesen ist.

LUCIE. Die Reise mit wem?

RASMUSSEN. Mit Eveline. Sie kann übrigens noch nicht unten sein. Ich habe mich gleich auf der Färinsel, wo wir gelandet sind, losgemacht und bin zu Fuß durch die Dünen gelaufen. Eh der Wagen sich durch die Sandwege mahlt, vergeht sicher noch gut eine halbe Stunde. – Denk mal, ich habe jetzt über drei Jahre die See nicht gesehn, obwohl ich geborner Wolliner bin.

LUCIE. Erlaube mal, Rasmussen, das ist nicht gut möglich, was du da sagst; denn Hanna Elias ist drin bei Schilling.

RASMUSSEN. Ja, um Gottes willen, ich denke, die Sache ist abgetan?!

LUCIE. Das ist leicht gesagt, und schwer durchgeführt bei einer Natur wie Hanna Elias.

RASMUSSEN. Du kannst mir glauben, daß Eveline ebenfalls dieser Überzeugung ist, die Sache sei aus. – Das ist ja aber ein Unglück, Herrschaften! – Warum habt ihr mir eigentlich nicht ein Sterbenswort in eurer Depesche angedeutet?

LUCIE. Ich wundre mich auch, daß Ottfried, der mir sonst immer wegen meiner Gedankenlosigkeit Vorwürfe macht, in diesem Falle nicht überlegter handelt.

RASMUSSEN. Was soll ich denn tun? Ich lese: Herkommen, Schilling erkrankt! – Natürlich lauf ich zu seiner Frau Eveline. Ich nahm doch an und mußte doch annehmen, daß sie besser als ich unterrichtet ist. Und wenn man als Arzt auf eine weltabgeschiedene Hallig berufen wird, so muß man doch irgend 'n Anhalt haben! Apotheke und sonstige Hilfsmittel gibt's doch hier nicht. – Du siehst übrigens auch nicht besonders aus!

LUCIE *ausweichend:* Wir haben alle wenig geschlafen.

RASMUSSEN. Donnerwetter nochmal, was machen wir nu!? Ich kann mir an dieser fatalen Geschichte eine Schuld unter keiner Bedingung beimessen. Sogar … ich habe sogar noch versucht, als ich merkte, daß Eveline nicht unterrichtet war, sie von der Reise zurückzuhalten. Schließlich und endlich: ich wußte nicht, was geschehen war, und also, da sie partout doch mitwollte, was konnte ich ernstlich dagegen tun? Ich hatte im Grunde kein Recht dazu.

LUCIE. Dem armen Schilling soll gar nichts erspart bleiben! –

SCHILLINGS STIMME *singend:*

> Am Woasser, am Woasser,
> Am Woasser bin i z' Haus.

RASMUSSEN *horcht und lacht:* Na, da wird's ja so schlimm noch nicht sein, Kinder. – Was ist denn also mit Schilling passiert?

LUCIE. Ach, wir waren eigentlich sehr froh und vergnügt, bevor diese Fledermäuse hier auftauchten. Wir hatten Reisepläne und große Ideen. Jetzt hab ich dafür nur einen Plan, irgendwie unabhängig tätig zu sein.

RASMUSSEN. Wo ist denn Ottfried?

LUCIE. Er wandelt auf Pfaden höheren Lebens mit einer Verehrerin, Fräulein Majakin.

RASMUSSEN. Kinder, seid ihr denn alle verdreht geworden? Ich hätte nun wirklich drauf geschworen, daß ein strammer, kurznackiger Kerl wie Mäurer, in seinem Alter, nach dem, was er alles erfahren hat und mit – ich bin kein Schmeichler, Lucie! – dem unverdienten Glück in der Hand, von Experimenten kuriert sein würde. Aber obgleich er das ganze Gegenteil von dem armen Schilling ist, so kriegt er zuweilen doch einen Raptus, der ihn auf einmal eigensinnig und unzuverlässig macht – kurz nachdem man vielleicht zehn Eide auf seine Verläßlichkeit geschworen hätte.

SCHILLINGS STIMME. Ist das nicht Rasmussen?

RASMUSSEN *laut:* Jawohl!

SCHILLINGS STIMME. Immer rein!

RASMUSSEN *öffnet die Tür zu Schillings Zimmer ein bißchen und ruft hinein:* Na, mein Junge, werd ich nu wieder zu Gnaden angenommen?

SCHILLINGS STIMME. Rede bloß keinen Unsinn, Rasmussen!

RASMUSSEN. Nee, das muß ich erst wissen, sonst schmeißt du den Kunstbarbaren womöglich zur Türe hinaus. – Nu sag mal, was heißt denn das, Gabriel?

Er geht zu Schilling hinein und schließt die Tür hinter sich. Lucie legt ihre Schreibutensilien zusammen, nachdem sie ihren Brief adressiert und mit einer Marke beklebt hat. Darnach tritt Ottfried Mäurer ein, sogleich ohne weiteres Hut und Stock an den Kleiderhaken hängend.

MÄURER. Herrliches Wetter! Man hört auch wieder den ganzen Morgen deine Glockenboje oder was es ist; als ob die Fische im Wasser Sonntag feierten. Das Inselchen gefällt sogar jetzt Fräulein Majakin. Wir haben den Leuchtturmwärter besucht. Ich habe dir sogar einen wirklichen toten Kuckuck mitgebracht, den wir am Fuße des Turms unter einem wahren Massenmordfeld aller unserer Vogelarten gefunden haben.

LUCIE. Einen toten Vogel bringst du mir mit, Ottfried?

MÄURER. Bewundere meinen Edelmut, Schusterchen. Da du neulich behauptet hattest, der Kuckuck beehre auch Fischmeisters Oye auf seiner Wanderschaft – du weißt ja, als Schilling so gruselig das Echo herausforderte – so wollte ich dir das noch extra bestätigen.

LUCIE *beziehungsreich:* Da bringst du mir also einen Vogel, der die Dummheit beging, im Stockfinstern gegen ein »großes Licht« zu fliegen, und der sich bei dieser Gelegenheit den Schädel zerschmettert hat.

MÄURER. Jawohl: der betrogene Idealist liegt unten auf dem Tisch in der Gaststube. Ich gebe dir zu, daß dieser eigentümliche Mißbrauch gläubiger Sehnsucht der Kreatur ohne einen zehnfach eingeteufelten Teufel, einen gesteinigten, höllischen Satan, schwer zu erklären ist.

LUCIE. Hat Fräulein Majakin sich an die schreckliche Sprache der Fischer einigermaßen gewöhnt?

MÄURER. Sie sagt, wenn die Fischerweiber und -männer sich unterhielten, das klänge wie eine Versammlung von Seemöwen. Dann hat sie noch eine andere, äußerst nette Bemerkung gemacht: das Geräusch der Brandung erzeuge aus einiger Ferne die Vorstellung eines gewaltigen Stiers, der eifrig Gras rupft und dann wieder ausschnauft. Genau so klingt es, beobachte das mal! Und nun ist sie der Meinung, daß dadurch die Sage von Zeus als Stier und von der Europa entstanden ist.

LUCIE. Ich glaube, daß diese Idee, die du vor zwei Jahren mal hier improvisiert hast, den Weg über mich zu Schilling, von Schilling zu Hanna, von Hanna zu Fräulein Majakin genommen hat.

MÄURER. Von mir soll das stammen? Das glaub ich nicht!

LUCIE. Übrigens, Rasmussen ist bei Schilling.

MÄURER. Rasmussen ist angekommen?

LUCIE. Er wundert sich, daß du ihm gar kein Wort von Hanna Elias gedrahtet hast.

MÄURER. Inwiefern denn, Lucie, von Hanna Elias?

LUCIE. Wenn du ihn unterrichtet hättest, daß sie hier ist, dann hätte er Eveline Schilling nicht mitgebracht.

MÄURER. Eveline ist hier? *Er wird bleich, zuckt aber, etwas verstockt, die Achsel.* Ja, das tut mir leid! Man soll eigentlich überhaupt seine Hände nicht in fremde Angelegenheiten hineinstecken; aber man will immer wieder Herrgott spielen und Schicksal sein. *Er rafft sich zusammen und tut einige Schritt gegen Schillings Tür.* Na, man muß doch mal Rasmussen guten Tag sagen.

LUCIE. Hast du also die Idee ganz aufgegeben mit Griechenland?

MÄURER. Es geht nicht, glaub ich; die Sachen machen sich nicht; ich muß diesen Winter in Berlin bleiben.

LUCIE. Wann hast du denn diesen Entschluß gefaßt?

MÄURER. Ich hab ihn nach Durchsicht meiner Verträge leider fassen müssen, Schusterchen.

LUCIE *beziehungsreich:* Der alten, oder neuer Verträge?

MÄURER. Der alten natürlich! Neue schließt man auf Fischmeisters Oye doch nicht! *Er ist zu ihr getreten und streichelt sie.*

LUCIE. Warum nicht? - - Du bist ja so zärtlich, Ottfried!

MÄURER. Wie immer, Schusterchen.

LUCIE *sieht ihn groß und ruhig an:* Na, geh nur zu deinem armen, verunglückten Griechenlandfahrer hinein!

MÄURER. Bist du verstimmt, Lucie?

LUCIE. Nein, nur etwas nachdenklich.

Sie blickt vor sich nieder und tippt mit dem Finger der rechten Hand auf den Tisch. Mäurer küßt ihre herabhängende Linke und begibt sich zu Schilling hinein ab. Lucie stößt einen resignierten Seufzer aus und will sich durch die Tür rechts hinausbegeben, wird aber durch Klopfen an dieser Tür zurückgehalten.

LUCIE. Herein! Bitte eintreten!

Die Tür wird geöffnet und Klas Olfers bedeutet einer mageren, dürftig gekleideten, tief verschleierten Frau einzutreten. Es ist Gabriel Schillings Frau, Eveline Schilling.

KLAS OLFERS. Ich denke, et würd det Beste sin, wi fragen bei det gnädige Freilein mal nach.

Lucie, schnell gefaßt, hält Frau Schilling unauffällig im Türrahmen zurück.

LUCIE. Herr Olfers, das muß wohl ein Irrtum sein. Die Dame will wahrscheinlich zu Herrn Rasmussen.

EVELINE *ohne den Schleier zu öffnen:* Ist Rasmussen nicht hier?

LUCIE *tief errötend:* Sie sehen, nein!

EVELINE. Sie sind Fräulein Lucie Heil, meine Dame.

LUCIE *wie vorher:* So heiße ich. Woher kennen Sie mich?

EVELINE. Sie haben mal bei einer Matinee in der Singakademie eine Sonate von Schubert gespielt.*Klas Olfers entfernt sich achselzuckend.* Darf ich bei Ihnen etwas ablegen? Sie werden vielleicht schon erraten haben, daß ich die unglückselige Frau von Gabriel Schilling bin. *Sie nimmt Schleier und Hut ab, ohne Luciens Erlaubnis abzuwarten.*

LUCIE *sehr unruhig:* Dies ist hier Professor Mäurers Zimmer. Wenn es Ihnen recht wäre, gnädige Frau, könnten wir lieber in mein Bereich hinübergehn.

EVELINE. Vor allen Dingen, wo ist mein Mann?

Frau Schilling enthüllt sich nun als eine verhärmte, gealterte Frau mit tiefliegenden Augen, hervorstehenden Backenknochen und hektischer Röte auf den Wangen. Sie ist über das fünfunddreißigste Jahr hinaus, erscheint aber älter und ohne weiblichen Reiz.

LUCIE. Sie werden den Wunsch haben, sich etwas zu restaurieren, gnädige Frau? Ich nehme an, Sie sind die Nacht durchgereist; vielleicht ruhen Sie auch erst eine halbe Stunde? Herr Schilling schläft, und jedenfalls dürfte ein Grund zu unmittelbarer Besorgnis nicht vorhanden sein.

EVELINE *läßt sich auf einen Stuhl nieder:* Heiraten Sie niemals, liebes Fräulein! (Sie weint still in sich hinein.)

LUCIE *in peinlicher Verlegenheit:* Sie sind übermüdet, gnädige Frau! Sie sind von der Nachtfahrt nervös überreizt und abgespannt. Wollen Sie sich bitte in meine Hand geben. Sie brauchen Ruhe, ich kenne das. Ich habe eine lange Pflege bei meiner armen Mutter hinter mir. Mit Denken und Grübeln ist gegen nervöse Depressionen nicht anzukämpfen.

EVELINE *mit dem Versuch, sich zu raffen:* Es geht schon vorüber, lassen Sie mich!

LUCIE. Ich möchte Sie aber wirklich gern dazu bewegen, mit mir auf mein Zimmer zu gehn!

EVELINE. Wissen Sie, wie mir mein Leben vorkommt, Fräulein? – Sie sind eine Frau, warum soll ich nicht offen zu Ihnen sein? – Man baut mit unendlicher Mühe, mit blutigem Mörtel und schweren Steinen ein festes Gebäude, und wenn es fertig ist, ist es ein Kartenhaus.

LUCIE. Sie sehen in diesem Augenblick die Welt in einem zu trüben Lichte.

EVELINE. Ja, ich sehe sie wie etwas vollkommen Fremdes, etwas vollkommen Uninteressantes, abschreckend Gleichgültiges an. Trostlos ist sie, leer und stockfinster. – Sie glauben, ich übertreibe, Fräulein! Aber ich habe wahrhaftig keine unbescheidnen Wünsche gehegt! Ein Familienleben! Ein bescheidnes Auskommen! Selbst das wenige hat mir der Himmel in seiner unergründlichen Güte versagt. Ja, er hat sich erschlichen, was ich mir verdient habe. Ich war jung wie Sie und vielleicht unternehmender, als Sie sind. Ich weiß es nicht. Ich ging nach England, ich machte Ersparnisse. Ich war gut gekleidet. In meinen Ferien konnte ich reisen. Meine Freundin und ich, wir besuchten Holland, die Normandie, wir brauchten nicht knausern, wir speisten in den ersten Hotels an der Table d'hôte! Und nun kam Schilling! Ich dachte, er ist ein redlicher Mensch! Ich dachte, er wird seine Pflichten achten und mein bißchen Erspartes ist bei ihm, dacht ich, in guter Hand. Ja freilich! Sehen Sie mich nur an. *Sie zeigt die großen Flicken in ihrem Rock und das zerrissene Futter ihres schäbigen Jacketts.* Ich habe alles hingegeben, alles umsonst zum Opfer gebracht.

LUCIE *mit Überwindung:* Es werden bessere Zeiten kommen!

EVELINE. Immer morgen, morgen, heute nicht. Heute borg ich mir, was sag ich, erbettle ich mir zwanzig Mark zur Reise von Doktor Rasmussen, und morgen zahl ich vielleicht ein Billett erster Klasse rund um die Welt. Heute leb ich mit meiner Tochter von einer alt-backnen Schrippe und etwas abgelassener Milch, und morgen werd ich bei Dressel und Uhl essen. Das ist mir nichts Neues, ich kenne das! Von diesem »morgen« wird man nicht satt. Das ist höchstens für arme, hungrige Säuglinge der mit Essig und Galle getränkte Lutschpfropfen. Man denkt: dein Mann hat dich heute verlassen und morgen kommt er wieder zu dir zurück. Jawohl. Aber wie? Von vier Männern getragen, vielleicht auf dem Sterbebette. – Ich muß ihn sehn! Wo ist Gabriel?

LUCIE. Sie werden sich jedenfalls erst beruhigen! Vielleicht sehen Sie ein, daß eine Begegnung in diesem Zustand für beide Teile nicht ratsam ist!

EVELINE. Was heißt das? Was tut ihr alle mit mir? Warum laßt ihr mich nicht zu Gabriel? Warum sagt ihr mir nicht, was geschehen ist? Es ist mir alles hier so unheimlich! Was sind das für Stimmen hier nebenan?

LUCIE *lügt:* Fremde! Vater und Sohn aus Stralsund!

Hanna Elias tritt aus Schillings Zimmer. Die Frauen betrachten sich einige Sekunden lang mit grenzenlosem Staunen.

EVELINE *in einem Tone des Erstaunens, in dem keine Spur der eben noch vorherrschenden, angstvoll weinerlichen Erregung mehr ist:* Hanna, du bist es? – Was treibst du hier?

HANNA. Laß uns vor allen Dingen, Eveline, da wir nun einmal unbe-greiflicherweise hier zusammengetroffen sind, wie zwei vernünftige Menschen sein.

EVELINE. Unbegreiflicherweise zusammengetroffen?

HANNA. Zufälligerweise jedenfalls!

EVELINE. Also ist deine Anwesenheit hier zufällig!? Oder meinst du, daß es unbegreiflicherweise und zufällig ist, wenn sich eine Frau zu ihrem angetrauten Manne begibt, nachdem sie erfahren hat, daß er vielleicht lebensgefährlich krank geworden ist? Wie kommst du hierher, was willst du hier?

HANNA. Es handelt sich nicht um uns augenblicklich, sondern meinethalben um deines Mannes Wohlergehen. Also bitt ich dich, frage mich jetzt nicht weiter. Jedenfalls nicht hier, denn ich sage dir, daß es Schilling erspart werden muß, einen Zank zwischen uns zu sehn. Ich gehe mit dir an den Strand hinunter. Dort will ich dir Rede und Antwort stehn.

EVELINE. Bitte, bitte, Hanna, ganz ohne Umschweife: wie kommst du hierher, was suchst du hier? Das Rätsel möcht ich gerne gelöst wissen. Wie kommt's, daß ihr auseinander seid, und ich betrogener, armer Esel von einer Frau glaube daran, daß es aus mit euch ist, und ihr lacht mich aus hinter meinem Rücken! – Hast du ihn wieder rumgekriegt? – Hast du ihm wieder weisgemacht, daß du keine Allerweltsdame bist? Oder muß man vielleicht Allerweltsdame sein, um dem eigenen Gatten zu gefallen?

HANNA *für einen Augenblick ohne Selbstbeherrschung:* Eher bist du eine Allerweltsdame! – Und ich bitte dich, höre jetzt auf damit! – Wenn du ein Gefühl von weibliche Würde hast, so höre jetzt auf mit diesen Ton und solche Beleidigungen, in diesen Augenblick.

EVELINE *zu Lucie:* Diese Dame spricht von weiblicher Würde!

HANNA. Ich spreche von weiblicher Würde, gewiß!

LUCIE. Meine Damen, Sie sind hier in einem kleinen Gasthause, bedenken Sie das! Wir dürfen kein solches Aufsehen machen. Es ist unmöglich, daß Sie so fortfahren. Schon allein um des Kranken willen nicht.

EVELINE *zu Lucie:* Lassen Sie sich mal von dieser Dame erzählen, Fräulein, mit welchen Mitteln, welchen Schlichen sie hinter Gabriel her gewesen ist, bis sie ihn so weit bekommen hat. Wie sie mir erst hat Freundschaft geheuchelt: »Du bist zu geduldig! Du mußt mehr beanspruchen! Du mußt ihm klar machen, daß du ein gleichberechtigter Mensch und nicht eine Sklavin bist. Ihr deutschen Frauen seid alle Sklavinnen.« So hieß es, so ging es in einem fort, und ich bin auch zuerst drauf reingefallen, bis ich dann merkte, worauf es hinauslief, und daß sie sich Gabriel kapern wollte, weil der eigene Mann ihr überdrüssig war. Eine schöne Gesellschaft! Eine brave Familie! Erzähle doch! Immer erzähle doch! Da hast du Gesprächsstoff, beste Hanna! Da hast du für deine Suade genug!

HANNA. Solche fantastische, krankhafte Märchen, ausgebrütet von einer sich beleidigt glaubenden Frau, berühren mich nicht.

Rasmussen fährt wild aus Schillings Tür heraus, die er hinter sich sorgfältig ins Schloß klinkt, ehe er spricht.

RASMUSSEN. Donnerwetter, was ist hier los, Herrschaften?! Was macht ihr euch eigentlich von Schillings Zustand für eine Vorstellung? Er wird unruhig, er fragt; was soll ich ihm antworten? Verlegt euren Kampfplatz wo anders hin!

Eveline vergißt Hanna und starrt Rasmussen an. Hanna weicht mit Entschluß und geht zur Tür rechts hinaus.

EVELINE *will an Rasmussen vorüber zu Schilling hinein:* Wo ist mein Mann?

RASMUSSEN *sie zurückhaltend:* Immer erst hübsch abwarten!

SCHILLINGS STIMME. Rasmussen!

RASMUSSEN *Eveline energisch festhaltend, die bestrebt ist, sich loszumachen:* Ich sage dir, wenn du noch einen Funken Besinnung hast, wenn du noch einen Funken Liebe aufbringen kannst für deinen Mann, wenn dir daran liegt, ihn noch einige Zeit zu behalten, am Leben überhaupt zu erhalten, mein ich, so geh jetzt nicht zu ihm hinein.

EVELINE *mit einem unwillkürlich hervorbrechenden, hilferufartigen und eigensinnigen Schrei:* Gabriel!

SCHILLINGS STIMME *schnell und erschrocken:* Der bin ich! *Schilling erscheint in der Tür. In dem edlen, aber furchtbar veränderten Gesicht liegt Bestürzung und Staunen.* Was ist denn passiert??

RASMUSSEN. Nichts! Es ist gar nichts weiter passiert! Es hat sich nur wieder herausgestellt, daß eine Frau und gesunde Vernunft nicht vereinbar sind.

EVELINE *die Worte mühsam hervorwürgend:* Du hast mich belogen, Gabriel! Warum hast du mich hintergangen, gerade in einem Augenblick, wo ich wieder in meinem Innern Hoffnung schöpfte? Du sagtest, du habest dich freigemacht. Du sagtest, du habest mit Hanna gebrochen, und gerade in diesem Augenblick entdecke ich, daß du ein kalter, grausamer, hartgesottener Betrüger bist. Gabriel, warum tatest du das? Warum zerstörst du in mir den letzten erbärmlichen Rest von Achtung für dich? – Nein, ich kann einen Menschen wie dich nicht mehr achten!

SCHILLING *hat abwechselnd errötend und erblassend mit einem gespannten, fast blöde fragenden Ausdruck zugehört. Er läßt seinen Blick, wie um Auskunft bittend, von Lucie zu Rasmussen wandern und sagt dann mit einem erstickten kurzen Auflachen:* So! Diese Ansicht teile ich. – – – Was führt dich eigentlich her, Eveline?

EVELINE. Frage lieber, was Hanna hierher führt, Gabriel.

RASMUSSEN. Und nun ist die Kontroverse geschlossen. – Ich bin Arzt, Eveline, dein Mann ist krank …

SCHILLING. Red keinen Unsinn, ich bin nicht krank! – Du hast doch nicht am Ende gedacht, Eveline, es ist Matthäi am letzten mit mir? – Den Gefallen tu' ich der Welt noch nicht! – Wenn du's nicht glauben willst, frage mal Rasmussen! – Die ganze Geschichte, Eveline, läuft einfach auf einen etwas geschmacklosen Spaß hinaus, den ich mir leider gestern gemacht habe.

EVELINE *faßt sich an den Kopf, wie besinnungslos:* Fort, fort, sonst verliere ich meinen Verstand! – *Sie will hinaus.*

SCHILLING. Eveline, du wirst jetzt hierbleiben!

EVELINE. Ich kann nicht bei einem Menschen bleiben, der mein Mann, mein angetrauter Ehemann, Vater meines Kindes und dabei willenloser Sklave einer gemeinen Dirne ist.

RASMUSSEN. Na, na, na, na! Jetzt aber Schluß, Eveline!

SCHILLING *nach kurzem Schweigen, mit demselben hilflos fragenden Ausdruck wie vorher:* Ja, woran liegt das alles? Ich weiß es nicht. Ich habe nach etwas … wie soll ich sagen? Ich habe nie bewußt nach dem Schlechten gestrebt! Ich hatte wirklich nie böse Absichten!

EVELINE. Stelle dich gleichgültig, Gabriel; es wird ein Tag kommen, wo du den Unterschied zwischen einer Frau, die du jetzt mißhandelst, und einer Hanna Elias einsehen wirst.

Hanna Elias stürzt in vollständig zügelloser Raserei herein und auf Eveline los, kreischend und mit geballten Fäusten.

HANNA. Es ist mich gleichgültig, was du von mir sagst! Ich speie darauf, es ist mich gleichgültig! Ich speie auf deine verfluchte Liebe! Du hast keine Liebe! Du lügst, du lügst! Du hast dicken, geschwollenen Vipernhaß! Du hast Gift, du hast Stachel, du hast keine Liebe! Wie quälst du jetzt deinen kranken Mann! Pfui! Schamlose, Schlechte, Niederträchtige! Keinen Funken von Herz, keinen Funken von Gott! Da, stich mich! Triff mich mit deine Augen! Triff mich mit deine Dolch von Blick! Triff mich mit einer richtigen Dolchspitze! Da! Was ist mir Leben! Was liegt mir daran? Nur geh, geh und laß meinen Gabriel! Er ist nicht dein! Du hast ihn verspielt! Mein, mein! Ich fühl's! Er ist mein, mein Gabriel!

Unter den Fenstern erschallt plötzlich das mißtönige Geräusch eines kleinen erregten Janhagels. Kinder, Weiber und halbwüchsige Burschen miauen, husten und schreien: »hoho«. Der Lärm wird durch die energische Stimme von Klas Olfers beschwichtigt: »Ruhe, macht, dat ji wegkommt! Wat wollt ihr hier!« Rasmussen hat, um sie zu beruhigen und ihre wahnsinnige Erregung zu dämpfen, Hanna in seine Arme geschlossen. Er drängt sie langsam hinaus. Mäurer hat den größten Teil der letzten Szene miterlebt, hinter Schilling in der Tür stehend. Eveline ist stumm und besinnungslos vor Entsetzen. Ihr Blick bleibt, solange sie im Zimmer ist, mit grauenvollem Staunen auf Schilling haften. Dieser steht bewegungslos und schluchzt nur einige Male krampfhaft. Seine weitgeöffneten Augen stehen voll Wasser. Das Taschentuch wie einen Knebel im Mund, geht Eveline an Schilling vorüber, von Lucie geführt, hinaus. Stillschweigen.

RASMUSSEN *nach einigem Stillschweigen zu Schilling:* Na, es kommt auch mal wieder anders, Schilling!

MÄURER *legt mit einem leichten Schlag seine Hand auf Schillings Schulter:*

> Duck dich und laß vorübergahn,
> Das Wetter will sein' Willen han.

SCHILLING *mit unendlichem Grauen im blutlosen Gesicht:* Wir sind keine Griechen, mein lieber Junge!

Mäurer klopft ihm weiter auf die Schulter, sehr bewegt; unwillkürlich umarmt er ihn. Eine Weile herrscht Schweigen. Rasmussen tritt dazu.

SCHILLING *indem er beide ein wenig beiseite zieht, mit qualvollem innerem Ausbruch:* Der Ekel erwürgt mich. Gift! Gebt mir Gift! Ein starkes Gift, Rasmussen!

Fünfter Akt

Die Strandgegend wie im ersten Akt. Der Schuppen der Rettungsstation, die Gallionfigur, das Fischerboot auf der Düne, der Signalmast, die Bretter hinter dem Schuppen. Die Sonne ist hinunter, allein es bedeckt den Himmel eine starke Abendröte, so daß eine magische Helligkeit verbreitet ist. Lucie und Fräulein Majakin kommen langsam vom Strande herauf.

LUCIE. Ich muß Ihnen sagen, ich habe vor alledem jetzt, nach allem, was vorgefallen ist, einen so ausgesprochenen Widerwillen, daß ich lieber freiwillig alles hingeben würde, als nur den kleinsten Versuch in der Art dieser Weiber zu tun.

FRÄULEIN MAJAKIN. Man kämpft doch aber für das, was man liebt – und naturgemäß, scheint mir, Fräulein Heil.

LUCIE. Ich würde unter gar keinen Umständen dafür kämpfen. Ich habe von Harpyen gelesen. Sie sind wie Harpyen, diese Weibsbilder. Niemals geben sie, wenn sie es erst in den Klauen haben, ihr Opfer frei. Nur daß sie schön singen, kann ich nicht finden!

FRÄULEIN MAJAKIN. Wie geht es Herrn Schilling?

LUCIE. Schilling schläft! Einen totenähnlichen Schlaf, seit Stunden.

FRÄULEIN MAJAKIN. Es gibt bei manche Krankheiten zuletzt einen solchen furchtbaren Schlaf, aus dem kein Erwachen ist.

LUCIE. Das hat mir auch Rasmussen angedeutet. *Kurzes Stillschweigen.*

FRÄULEIN MAJAKIN. Herr Mäurer scheint sehr an Ihnen zu hängen, Fräulein Heil.

LUCIE. Ich betrachte Mäurer als meinen Freund und werde ihn immer dafür betrachten. Wie er sein Leben im übrigen einrichtet, kümmert mich nicht. Er ist frei! Ich verlange durchaus nichts von ihm. Ich danke Gott, daß ich durch mein bißchen Begabung immer sozusagen mein Brot finde.

FRÄULEIN MAJAKIN. Ist es richtig, Sie waren angestellt zwei Winter lang in Dresden an die Opernorchester?

LUCIE. Das ist allerdings wahr. Wenn ich aber jetzt etwas unternehme, so werd ich vielleicht in irgendeiner Mittelstadt eine kleines Musikinstitut errichten.

FRÄULEIN MAJAKIN. Glauben Sie, ob Professor Mäurer jemals wird heiraten?

LUCIE *lacht:* Das weiß ich nicht! – Wenn man betrachtet, was er mit seinen Freunden erlebt, so ist es kein Wunder, wenn er sich ängstet.

FRÄULEIN MAJAKIN. Es scheint mir auch. Er scheint mir ein Feind von die Ehe zu sein.

LUCIE. Sind Sie vielleicht eine Freundin vom Heiraten?

FRÄULEIN MAJAKIN. Ich kann mich denken, daß eine Frau von ein Mann, wie Professor Mäurer ist, durch ein ganzes Leben gefesselt wird. Das kann ich mich denken, Fräulein Lucie.

LUCIE. Aber daß Sie ihn ebenso lange fesseln, glauben Sie das?

FRÄULEIN MAJAKIN. Ich kann überhaupt nicht Herr Mäurer fesseln. Er hat eine sehr große Liebe, eine sehr große Bewunderung für eine ganz andere Dame als mich. – Wissen Sie, daß wir werden abreisen?

LUCIE. Warum wollen Sie denn schon abreisen, Fräulein Majakin? Lassen Sie Hanna Elias abreisen! Möchte sie sein, wo der Pfeffer wächst. Geben Sie ihr Eveline Schilling mit! Wenn es Ihnen hier so gut gefällt, wie Sie sagen: bleiben Sie doch!

FRÄULEIN MAJAKIN. Ich glaube kaum, daß dies ist, was Sie sagen, Ihr Ernst, Fräulein Lucie. Und wenn es wirklich wäre der ganze Ernst Ihres Frauenherzens, ich bleibe nicht. Auch ich bin, glauben Sie mir, durch das, was ich habe sehen und hören müssen, mit diese traurige Liebesschicksal von diese arme, gebrochene Künstler und Mann … auch ich bin ein wenig erschreckt davon.

LUCIE. Ich bin so wütend, ich könnte diese Weibsbilder prügeln, glauben Sie mir, ich möchte sie ganz gehörig mit beiden Fäusten schrecklich durchprügeln.

FRÄULEIN MAJAKIN. Und mich dazu?

LUCIE. Nein. Sie, Fräulein Majakin, würd ich nicht durchprügeln. Ich würde nur wünschen, daß Sie ganz ruhig zurück zu Ihrem Herrn Vater gehn. – Glauben Sie nicht, daß Mäurer ein Mann wie Schilling ist! Mäurer nimmt »eins zwei drei«, was er haben will, und dann geht er und modelliert seine Statuen. Skrupel macht er sich weiter nicht.

FRÄULEIN MAJAKIN. Dann hat er die rechte noch nicht gefunden.

LUCIE *lacht:* Vielleicht; wer weiß, Fräulein Majakin.

FRÄULEIN MAJAKIN. Es liegt immer daran, wenn ein Mann so unstät ist, daß ihm die Frau, die ihn versteht, bis in die geheimste Regung der Seele, noch nicht begegnet ist.

LUCIE. Vielleicht wissen Sie eine Frau für ihn! Jede Frau denkt allerdings, sie sei die rechte. Ich schwöre sogar, die arme Eveline ist überzeugt davon, daß sie für Schilling die ausgesucht einzig richtige Gattin ist. Aber man kann ja nicht wissen, ob Ihr Instinkt nicht wirklich das Richtige trifft, Fräulein Majakin. *Kurzes Stillschweigen.* Finden Sie nicht, es ist etwas so Verhaltenes, etwas, was förmlich beängstigt, in der Luft?

FRÄULEIN MAJAKIN. Etwas Totes, ja. Das macht die Windstille.

LUCIE. Es drückt! Sehen Sie mal. Wie jedes Boot doppelt auf der absolut spiegelglatten Fläche liegt. Ich möchte um Schillings willen, daß Wind käme. Er hat sich so sehr einen Sturm gewünscht.

FRÄULEIN MAJAKIN. Meistens erschrickt der Mensch vor die Natur; manchmal scheint die Natur vor den Mensch zu erschrecken.

LUCIE. Mit Schilling, glaub ich, ist es aus.

Schon seit einiger Zeit hat man in der Ferne rufen gehört. Fischer laufen unten am Strand hin und her. Lucie und Fräulein Majakin schenken diesen Vorgängen keine Aufmerksamkeit. Sie sind nun immer weiter nach vorn hin schreitend, rechts zwischen den Dünen verschwunden. Der Tischlermeister Kühn kommt mit seinem Lehrjungen, der eine Radwer führt. Sie beginnen Bretter aufzuladen.

KÜHN. Junge, mach fix, et gibt Wind!

DER JUNGE. Wat haben denn de Fischers unten am Strande, Meester?

KÜHN. De Häring kommt.

DER JUNGE. Sehen Se nicht de Lichter draußen uf See, Meester? Unsre Fischer sind alle schon draußen.

KÜHN. Na, denn laß se man machen und lade de Bretter uf.

DER JUNGE. Ob wohl der Kunstmaler aus Berlin sterben wird, Meester?

KÜHN. Halts Maul! wat jeht uns dat an!

DER JUNGE. Ick dachte bloß, weil wir dem kienenen Sarg machen.

KÜHN. Für wen man so'n Sarg machen dut, det weeß Jott!

DER JUNGE. Meester, Meester, dort kommt er ja.

KÜHN. Wer denn?

DER JUNGE. Denn is er ja jar nich krank, Meester.

Gabriel Schilling kommt von links, aus den Dünen. Er ist unzureichend bekleidet: Hemd, Beinkleider, Jackett, keine Weste, kein Hemdkragen, keine Strümpfe in den Schuhen. Er geht schnell, wie ein Nachtwandler, gerade auf die Gallionfigur zu, die im Scheine des Blinkfeuers vom Leuchtturm in bestimmten Zwischenräumen

heller beleuchtet wird. Nahe herangekommen, steht er still und blickt
zu ihr hinauf.

KÜHN. 'N Abend.

SCHILLING *mit verrosteter Stimme, erschrocken:* Guten Abend. Wer
sind Sie denn?

KÜHN. Sind Sie vielleicht der Herr Maler Schilling, wenn ich fragen
darf?

SCHILLING. Pst! Namen und Stand tut hier nichts zur Sache. – Sagen
Sie mal, wie kommt denn das, daß diese Figur dort oben immer abwechselnd hell und dunkel wird?

KÜHN. Na, das kommt ganz natürlich von dem Blinkfeuer.

SCHILLING. Ich habe das schon eine ganze Weile von ferne beobachtet.
Ich wußte gar nicht, was es bedeutet.

KÜHN. Wieso bedeutet?

SCHILLING. Ich wollte erst nicht herüberkommen. Schließlich dacht'
ich mir aber, daß es doch was bedeuten muß. – Woher stammt denn
eigentlich diese Figur?

KÜHN. Sie stammt von einer dänischen Brigg, die hier draußen gesunken ist.

SCHILLING. Richtig! Natürlich! Schiff und Mannschaft natürlicherweise
zugrunde gerichtet.

KÜHN. Da haben Sie ganz recht. So ist et och.

SCHILLING. Wie hieß denn die Brigg?

KÜHN. Sie hieß doch Ilsabe.

SCHILLING. Den Namen kenn ich von irgendwo her.

KÜHN. Sie werden ihn auf 'm Kirchhof gelesen haben, wo die gelandeten
Leichen von der Ilsabe begraben worden sind. Da ist ja 'n Kreuz und
auf dem steht Ilsabe.

SCHILLING. Eigentlich liegen wir recht gut, da oben im Sande.

KÜHN. Wie sagen Sie, wenn ich bitten darf?

SCHILLING. Na, eine schönere Stelle, begraben zu werden, gibt's doch
nicht. Oder möchten Sie etwa lieber in Berlin auf so einen Massen-
kirchhof begraben werden?

KÜHN. Na, so weit bin ich überhaupt noch lange nicht.

SCHILLING. Keine Automobilomnibusse, keine Straßenbahnwagen,
immer nur die rennenden, springenden, kleinen Sandkörnerchen!

Frischer, gesunder, nasser Sturm! Der schöne Salut des Meers überm Grabhügel!

KÜHN. I, da hat man ja nischt mehr von!

SCHILLING. Das sagen Sie so! Wer weiß denn das, Meister? Ich hab aber irgendwo mal gelesen: »Gott löscht nicht aus im dunklen Grabesschoß, was er entzündet hat im dunklen Mutterschoß«. – Übrigens, gucken Sie doch mal hinter sich.

KÜHN *tut es:* Warum nicht? Wat soll denn dort sind, Herr Professor?

SCHILLING. Das versteht sich von selbst. Da brauchen Sie meine Erklärung nicht. Da hat wahrscheinlich das Wasser noch einen armen Teufel auf den Strand gespült.

KÜHN *der nichts sieht, verdutzt:* Was denn für 'n armen Teufel?

SCHILLING *immer starr blickend:* Gott, ich weiß ja nicht, wer das ist, den sie da begraben. Ist das bei Ihnen immer so, daß der Pfarrer der erste ist und dann erst die Kinder mit dem Kruzifix kommen? Komisch ist bloß: sie singen ja nicht.

KÜHN. I, Sie wollen man mit mich Ihren Spaß haben!

SCHILLING. Dem armen Schlucker von der Ilsabe haben Sie doch den hölzernen Schlafrock auch gemacht!?

KÜHN. Denn müssen Sie mehr als unsereener zu sehen kriegen. Anders versteh ich det nich.

SCHILLING. Glauben Sie denn, ich erkenne meinen alten Freund Mäurer nicht, weil er einen Zylinder auf hat, einen Regenschirm in der Hand hält, und weil es ein bißchen stürmt und graupelt?

DER JUNGE. Meester, ich furcht mir, der is jo wahnsinnig!

SCHILLING. Und die Damen, glauben Sie, kenn ich nicht? Die Weibsleute, die da hinterdrein laufen und die … und die … und die ihre Röcke so sorgfältig hoch nehmen, weil ihnen bei dem Regen das die größte Hauptsache ist?

KÜHN. Aber et fällt ja keen Troppen vom Himmel, Herr Schilling.

SCHILLING *schlägt sich vor den Kopf:* Ja, Donnerwetter noch mal, Sie haben ja recht, wo ist man denn? *Er hält die Hand in den vermeintlichen Regen.* Kein Tropfen, wahrhaftig. Na, einerlei. Ich hätte geschworen, daß da so etwas geflunkert hat. Na nu aber, nu aber, sehn Se mal, Meister: sind das nun sechs Fischer, die die lange gelbe Kiste auf den Schultern tragen, ja oder nein, Meister? Na nu müssen Sie doch zufrieden sein.

KÜHN. Wenn Sie aber nun noch so weiter reden, bester Herr, denn kriege ick Angst, det et umgeht hier uf de Insel, und denn mach ick mir lieber …

SCHILLING. Sie haben recht. Ich merke das ja. Ich vermenge nämlich immer ganz einfach Wirklichkeit und Einbildung.

KÜHN. Da kommen Leute, die suchen nach Sie, Herr Schilling.

SCHILLING. So? – Wo denn? – Wenn Sie etwa irgendwer fragen sollte … Nichts! sagen Sie nichts! Oder sagen Sie, daß ich tausendmal lieber … oben in der Nähe von dem Kreuz von der Ilsabe eingebuddelt bin als im schönsten Berliner Mausoleum. Und daß man, wenn man die Hände so aufhebt, nur immer gradaus, immer geht, nur geht – man auch draußen im Meer schlafen kann.

KÜHN *lacht:* Gut!

SCHILLING *der seine Arme, ähnlich wie ein Beter gegen das Meer hochgehoben hat:* Und wenn Sie noch jemand nach mir fragt, dann sagen Sie: der Maler Schilling hat hier auf Fischmeisters Oye die beste Idee seines Lebens gehabt … oder sagen Sie lieber bloß, ich bin baden gegangen.

Von dem Gallion, das er noch immer hungrig anstarrt, sich mühsam losreißend, verschwindet Schilling, eigentümlich lachend, mit hocherhobenen Händen in der Dunkelheit.

KÜHN. Nu soll mich noch eener sagen, wenn der nich sein eignes Totenbejängnis jesehn hat!

Kühn und der Junge mit einem Stapel Bretter auf der Radwer ab. Dr. Rasmussen und Professor Mäurer kommen von rechts, im Gespräch ruhig schreitend, gelegentlich stehen bleibend.

RASMUSSEN *zurückblickend:* Was mag denn eigentlich bei Klas Olfers los sein? Da kommen ja in einem fort Leute mit Laternen aus dem Haus.

MÄURER. Es ist wohl 'n neuer Schub Fremder gekommen.

RASMUSSEN. Eveline wacht jedenfalls vor morgen früh nicht auf. In solchen Fällen ist wirklich das einzig Wahre: Morphium.

MÄURER. Schilling schläft ohne Morphium. Kannst du mir denn um Gottes willen nicht sagen, was diese bleierne Betäubung, in die er verfallen ist, eigentlich zu bedeuten hat?

RASMUSSEN. O, ja. Der medizinische terminus technicus interessiert dich wohl nicht. Mach dir nur einfach klar, es ist ein Schlafzustand, aus dem nur noch ein vorübergehendes Erwachen möglich ist.

MÄURER. Wieso denn »nur noch«? Was soll das heißen?

RASMUSSEN. Gut, reden wir weiter nicht davon.

MÄURER. Ich nehme noch an, du willst doch damit nicht sagen, Rasmussen, daß für Schilling keine Rettung mehr ist.

RASMUSSEN. Allerdings, Ottfried, will ich das sagen.

MÄURER. Deutsch und deutlich: daß Schilling sterben wird?

RASMUSSEN. Hör mal, rege dich weiter nicht auf, Ottfried. Das Leiden hat in schleichender Form wahrscheinlich seit einem Jahrzehnt in ihm gesteckt. Seine moralische Schlappheit wird dadurch erklärlich. Sonst hätte er wahrscheinlich den Weibern und allen korrumpierenden Einflüssen, seiner Natur nach, mehr Energie entgegengesetzt. Jedenfalls bin ich froh, daß ich noch meinen Frieden mit ihm gemacht habe.

MÄURER *drückt furchtbar Rasmussens Arm:* Willst du denn damit sagen … unmöglich … das wäre ja grauenvoll.

RASMUSSEN. Ja, ja, ja, ja, mein Lieber, daran ist wahrhaftig nichts zu ändern. Zerbrich mir nicht meinen Unterarm. Schilling ist ein verlorener Mann und wird diese Insel nicht lebend verlassen.

MÄURER. Und du willst behaupten, ein Zweifel ist ausgeschlossen?

RASMUSSEN. Wenn es dir Spaß macht, zweifle daran. Aber schließlich war Schilling schon so wie so ein bißchen unter die Räder geraten. Seine Integrität als Gentleman hatte sogar einen unangenehmen Flecken gekriegt, weshalb ja, wie dir besser bekannt ist als mir, seine eigenen Fachkreise von ihm abrückten.

MÄURER *aufbrausend:* Das war eine unqualifizierbare Hetzerei, Rasmussen. Dort steckt die Gemeinheit, wo man dieser grundnoblen Natur nachgeredet hat, er ließe sich von Hanna Elias und von den Geldern ihrer Liebhaber aushalten. Meine Hand ins Feuer, das war ja gerade der Fehler dieses armen Kerls, daß es ihm gegen den Anstand ging, seinen Arm auch nur nach einer Mark auszustrecken.

RASMUSSEN. Schön! Aber damit erreicht man eben doch schließlich nichts.

MÄURER. Meiner Ansicht nach hätte Schilling in der Kunst sehr möglicherweise trotzdem noch was Passables erreicht. Man mußte nur seinem trägen Willen nachhelfen. Du hätt'st ihn sehen sollen, noch wie er vor einigen Tagen war, als wir ihn hier tüchtig aufgepolstert hatten und bevor sein Verhängnis, in Gestalt dieser Hanna, hier auftauchte. Und deshalb behaupt' ich auch, wenn sein Leiden älteren Datums ist, so ist es doch erst seit der Ankunft der Weiber in das galoppierende Stadium eingetreten. Als er oben am Kirchhof zusammengebrochen war und wir kamen dazu und sahen diese Hanna über ihm, da kam es mir vor, als müßte nun irgendwelche höllische Hakelberend zu dieser vollendeten Hatz Halali blasen.

RASMUSSEN. Wo es dann aber noch ärger gekommen ist. Hüte dich nur vor der Majakin.

MÄURER. Ich bin kein Gabriel Schilling, Rasmussen. In vierzehn Tagen pack' ich mir meine Lucie ein und rutsche mit ihr nach Florenz hinunter.

RASMUSSEN. Warum heirat'st du denn das Mädel nicht?

MÄURER. Weil das für unsereinen immer die Klippe ist. *Klas Olfers kommt.*

KLAS OLFERS. *schon aus einiger Entfernung:* 't gibt Sturm, Herrschaft. Is Herr Moaler Schilling hier bei Sie, meine Hern?

MÄURER. Gott sei's geklagt, da können wir leider nicht mit Ja antworten. Mensch, schlag mich tot, ich kann das nicht in meinen Hirnkasten kriegen, daß es da wirklich keinen Ausweg geben soll.

RASMUSSEN. Ich denke, das ist doch'n Ausweg, Ottfried.

KLAS OLFERS. Herr Schilling is nich tu Hus. Hei is heidi up und davon loopen.

MÄURER. Mein braver Herr Olfers, Sie täuschten sich.

KLAS OLFERS. In goar keenen Fall, ich täusche mich nich, Herr Professor; 's Bett is leer, wir suchen em und wi finden em nich.

RASMUSSEN. Weit kann er gar nicht gegangen sein. Vielleicht hat er sich auf den Flur geschleppt und wird möglicherweise in einem Ihrer leeren Zimmer liegen.

KLAS OLFERS. Nee, is nich! Ick und Frau Elias, wi hoaben oalle Zimmer bis unner de Betten abgesucht. Hei is fort! Hei is gegen den Strand hin loopen!

MÄURER *ruft durch die hohlen Hände:* Schilling! Schilling!

RASMUSSEN. Kinder, da müssen wir allerdings stramm suchen gehn. Es ist gar nicht unmöglich, daß er hier draußen irgendwo halb oder ganz bewußtlos liegt. Er kann die Nacht durch hier draußen nicht liegen bleiben.

MÄURER *wie vorher:* Schilling! Schilling!

RASMUSSEN. Ich glaube schwerlich, daß er dich hört.

Schuckert mit zwei anderen Fischern kommt. Schuckert trägt eine
brennende Laterne.

KLAS OLFERS. Na, Schuckert, wat is?

SCHUCKERT. Wi hewen nix funden. Wi hewen binoah den ganzen
Strand bis Grobe hin abgesucht.

KLAS OLFERS. Und da häbt jie nix von dem Moaler Schilling, ock in
den Dünen nich, gespürt?

SCHUCKERT. Nich an Strand unten und ock nich in den Dünen. *Er*
schreit durch die Hände: Ahoi! Ahoi! *Fischer rechts am Strande ant-*
worten.

DIE FISCHER. Ahoi! Ahoi!

SCHUCKERT. Häbt jie wat funden?

DIE FISCHER *rufen zurück:* Nä, wi nich!

MÄURER. Wer kommt denn dort?

Der Wind bricht los mit gesteigerter Heftigkeit. Alle können nur
mühsam gegen ihn ankämpfen. Lucie kommt.

LUCIE. Famos, Ottfried, daß Schilling doch seinen Sturm noch kriegt!

MÄURER. Wir sind auf der Suche nach Schilling, Lucie! Schilling ist
nämlich aus dem Bett gestiegen und hat sich leise davongemacht.

RASMUSSEN. Wir wollen mal überlegen, Kinder!

LUCIE *spontan:* Flucht! begreiflicherweise Flucht! – Dann ist das doch
Hanna Elias gewesen. Es schreit nämlich eine weibliche Stimme dort
unten in der Nähe, wo Fischer Kummer wohnt, fortwährend mit einigen Leuten herum.

MÄURER. Schusterchen, geh und such sie auf. Gib mal acht: du hast
die Aufgabe, sie möglichst von Schilling fernzuhalten.

Der Tischler Kühn tritt aus der Dunkelheit heran.

KÜHN. Suchen Sie den Herrn Maler Schilling, meine Herrn?

MÄURER. Jawohl, jawohl!

KÜHN. Herr Schilling ist eben, vor eene kleene Viertelstunde erst, hier
gewesen.

MÄURER. Wo ist er gewesen?

KÜHN. Hier, meine Herren.

MÄURER. Täuschen Sie sich da etwa nicht, Meister?

KÜHN. Ich hab sojar jesprochen mit ihm.

MÄURER. Was haben Sie denn mit ihm gesprochen?

KÜHN. So allerhand! Und dann ooch was, was mir jetzt erst uf die Seele gefallen ist. Ich sollte gehn und sollte Ihnen sagen, daß Herr Schilling baden gegangen is!

KLAS OLFERS. Nanu, Schuckert, nu woll wi den Schuppen ufmaken! Nu woll wi dat kleene Boot flottmachen. Komm man fix. Hast du den Slissel mitbrockt, Tjung?

SCHUCKERT. Tja, Klas Olfers, ick hebb em all.

Schuckert verschwindet hinter dem Schuppen, man hört den großen Schlüssel knarren und danach das große Tor aufgähnen.

RASMUSSEN. Herr Olfers, ich werde mit ins Boot steigen. *Zu Mäurer:* Es ist tatsächlich nicht ausgeschlossen, daß Schilling in seiner Wassergier noch mal hinausgeschwommen ist.

Er läuft mit Klas Olfers und den anderen Leuten hinter den Schuppen, von wo man hört, wie alle zusammen das kleine Rettungsboot herausschaffen. Zuweilen dringt das dumpfe Poltern der Ruder durch den zunehmenden Wind. Das Meer beginnt stärker zu rauschen.

LUCIE. Ich suche Hanna Elias auf.

MÄURER. Wart mal! Wenn der arme Kerl wirklich mit Selbstmordgedanken etwa hinausgeschwommen ist, und ihn draußen womöglich Reue anwandelt ... Komm, wir machen ein Feuer an.

LUCIE. Die Pechpfanne brennt ja schon vor dem Schuppen.

Das rote Licht der Pechpfanne und beleuchteter Rauch dringen hinterm Schuppen hervor. Mehr und mehr Fischerweiber und Kinder kommen, in den Wind schwatzend und schreiend, aus der Dunkelheit. Sie fragen einander, dringen auf die Männer ein, um zu erfahren, was los ist; diese aber scheinen wortkarg nur damit beschäftigt, das Boot klarzumachen. Die Jungen klettern auf das umgestülpte Boot auf der Düne; einige die Strickleiter am Signalmast empor. Das Boot ist inzwischen ins Wasser gebracht.

MÄURER *zu den Leuten, die ihn bestürmen:* Ich weiß nicht! Ich kann keine Auskunft geben! – Ich weiß nicht! – Ich weiß nicht! – Es tut mir leid!

Hanna Elias, in aufgelöstem Zustande, dringt durch die Menge hervor.

HANNA. Herr Professor Mäurer, ist er gefunden?

MÄURER. Nein. Eben erst ist das Boot flottgemacht.

HANNA. Er ist immer noch nicht gefunden?

MÄURER. Nein.

HANNA. Ich will mit ins Boot, ich muß mit hinausfahren.

Sie reißt sich los und eilt fliegenden Haares gegen das Boot hinunter.

LUCIE. Ich weiß nicht, ich kann ihr nicht böse sein!

MÄURER. Wie denkst du? Wollen wir uns auch anschließen?

LUCIE. Sieh mal, wie das gespenstisch ist! Das ganze Meer sieht wie Steinkohle aus! Und es wirft schon wieder ziemliche Schaumkämme.

MÄURER. Auch förmlich wie gelber Steinkohlenschaum.

LUCIE. Schön! Und sieh mal im nassen Sande die gelben Reflexe.

MÄURER. Ja, gelb und dahinter purpurrot! – Sag mal, du bist ja so ruhig, Schusterchen.

LUCIE. Ich weiß nicht, seit der Wind so auffrischt, kommt so ein neues, frisches, freies Gefühl über mich. – Ich glaube nämlich ... jetzt ist er für ewig geborgen!

MÄURER. Hast du Schilling gern gehabt?

LUCIE *zu ihm aufblickend:* Nicht so, wie dich!

MÄURER. Wollen wir immer beisammen bleiben?

LUCIE *fatalistisch:* So lange es dauert in dieser Welt. – Still! Sie rufen dort unten so unheimlich!

MÄURER. Am Ende ist er gefunden. Komm!

LUCIE. Nein, Ottfried, ich gehe nicht mit.

MÄURER. Warum nicht?

LUCIE. Ich mag nicht! Ich kann das nicht. Wenn Schilling wirklich geflohen ist ... nein, nicht mehr ... nicht mehr wie die Jagdhunde nachlaufen.

MÄURER. Gut. Amen.

LUCIE *schnell:* Wahrhaftig, sie bringen ihn.

Dunkle Gestalten werden sichtbar, Fischer, die eine Bahre tragen,
auf der Schilling tot liegt. Fischerweiber und Kinder folgen.
Rasmussen geht neben der Bahre. Der Zug bewegt sich schweigend,
hinter dem Schuppen hervor, unter dem Gallion vorüber, nach links
vorbei. Lucie und Mäurer blicken Hand in Hand von einem erhöhten
Standpunkt auf ihn herunter. Etwas Lautloses, Unwirkliches liegt in
dem Vorgang.